梦想百草园

外冈中学综合实践活动课程活动手册

主编/樊波 张仰峰

上海社会科学院出版社
SHANGHAI ACADEMY OF SOCIAL SCIENCES PRESS

主　编： 樊　波　张仰峰

策　划： 胡立德

编　委：（以姓氏笔画为序）

卫成凤　卫佳琴　王　群　邓珍宝　朱　晨

刘力嘉　孙爱燕　肖叶萍　张晓峰　范喜艳

周品懿　胡曼曼　钮　新　姚奕琦　钱霞静

前　　言

《梦想百草园》是上海市嘉定区外冈中学“梦想百草园”综合实践活动课程的活动手册。

“百草”，是一个充满神奇的词语，《庄子·杂篇·庚桑楚》中说：“夫春气发而百草生，正得秋而万宝成。”汉代王充在《论衡·幸偶》中说：“夫百草之类，皆有补益，遭医人采掇，成为良药。”鲁迅先生在《从百草园到三味书屋》中所描绘的百草园，虽有些荒芜单调，却萌发了孩子们的兴趣，成为他们充满好奇的乐园。外冈中学的中草药种植园虽然只有三亩地，但其中种植的“百草”，却也如庄子所言，是“万宝”；如王充所说，是“良药”。这些，都有待外冈的学子们去发掘，去探究。愿我们的百草园成为同学们激发探究兴趣、获取知识和技能、培育核心素养的好地方。

百草园也称“杏林园”，是外冈中学的中草药种植园、中医标本室和中草药智慧种植区等，也是学校中医药文化特色教育的重要基地或场所。“梦想百草园”是外冈中学的特色课程之一，学校正努力使中医药文化教育成为国家课程、地方课程校本化的主要途径之一。

外冈中学是上海市卫生和计划生育委员会举办中医药文化特色中小学项目的指定学校，是上海中医药大学中医药文化传播和嘉定区“中医药科技”创新拓展基地。学校与上海中医药大学、华东师范大学、第二军医大学等单位合作，积极实施中医药文化特色课程，有效地落实了国家《中医药发展战略规划纲要（2016—2030年）》提出的“推动中医药进校园、进社区、进乡村、进家庭，将中医药基础知识纳入中小学传统文化、生理卫生课程”要求。

作为学校的综合实践活动课程，“梦想百草园”紧扣国家相关学科课程标准，落实教育部关于社会主义核心价值观进教材、进课程、进课堂的要求，实践上海市普通中小学课程方案，在学校“每一个梦想都值得浇灌”的课程理念指导下，围绕种植劳动所需的知识与技能、情感态度和价值观，通过五个不同的专题活动，使学生在系列化和具体化的课程活动中，传递并诠释“让每一个孩子成为追梦人”的办学理念，最终为每一个学生实现梦想打下牢牢的基础素养。

梦想聚焦于课程之理念，逐梦融合于课程之活动。在本活动手册编写过程中，我们既大力弘扬中华优秀传统文化之精华，又紧密联系现代文明核心价值之精髓，使课程活动手册的内容做到传统与现代的统一；既重视和体现国家课程和地方课程对学生的核心素养要求，又重视和体现外冈本土文化对学生的基本素养要求，较好地实现了国家课程和地方课程的校本化。

中医药凝聚着深邃的哲学智慧和中华民族几千年的健康养生理念及其实践经验，是中国古代科学的瑰宝，也是打开中华文明宝库的钥匙。党的十九大报告指出，“坚持中西医并重，传承发展中医药事业”。我们在编写活动手册的过程中，亦融入了这一精神，注重中医药文化的创造性转化、创新性发展，使之与现代健康理念融会贯通，引导学生开阔自身视野，丰富卫生保健意识，提升健康素养，养成健康的行为方式和生活习惯，同时也提升他们中医药文化的素养，提高文化自信力。

德育元素与中医药文化融合，既是传承中医药文化的需要，也是现代德育的基本要求，更是用“以德为先”教育理念引领学校课程建设的根本任务，为此，我们在活动手册中，注重引导学生关注中医药文化中的道德因素，学习医药工作者的仁心、仁义、仁德，借此提升自己的道德素养。

“梦想百草园”综合实践活动课程是外冈中学劳动教育的重要载体。劳动教育是以提升学生劳动素养的方式促进学生全面发展的教育活动，劳动价值观是劳动素养的核心内涵。劳动教育关注的是个体劳动素养的发展，核心旨趣是人自身的全面发展、价值的提升和自我完善。我们希望这本活动手册有益于这些价值的实现。

本活动手册的编写得到了外冈社区卫生服务中心主任吴世赟先生、副主任卫家芬女士及中医科负责人俞建锋先生的指导和帮助，在此深表感谢！

上海市嘉定区外冈中学特级校长　樊　波

2020 年 6 月

目　录

第一单元

放飞梦想

项目一　考察百草园

一、学习目标

1. 知道百草园在学校的具体方位，测量并计算百草园的面积；

2. 知道百草园的种植历史；

3. 知道百草园的年气温变化数据与年降水变化数据；

4. 知道百草园土壤的种植条件；

5. 了解土壤污染的种类与污染源的基本知识，判断百草园内地表土壤受污染情况，知道改善园内地表环境的方法，并且知道其与环保的关系。

二、评价证据

1. 能在学校地图上准确标出百草园的位置，能用一种或多种方法准确测量出百草园的土地面积；

2. 能准确写出学校百草园的开发时间、种植品种、其中开展的有意义的具体活动；

3. 能准确知道百草园一年四季的平均气温、降水量、光照时间等气候数据；

4. 能用具体办法获得百草园的土壤酸碱度、光照度、地温等数据；

5. 能用具体办法诊断地表土壤受污染情况，撰写具体可行的土壤环境改善方案，设计土壤环保板报。

三、学习活动

1. 在学校地图上准确标出百草园的位置并确认地图方向。参照现在百草园的面貌在学校地图上画出百草园轮廓图，四人一组测量百草园的面积；

2. 通过查阅资料、走访老教职工了解学校百草园的种植历史；

3. 学习了解气候数据的途径，知道嘉定区外冈镇的季节性气候特征；

4. 学习测试土壤酸碱度与地温的方法，查阅平台资料获取百草园日均光照时长，记录并分析数据与种植条件之间的关系；

5. 学习诊断土壤是否被污染的具体办法，针对百草园的实际拟定具体可行的地表土壤修复方案，并设计小组土壤环保板报，在班内校内进行宣传。

活动一　描绘百草园图

探究活动

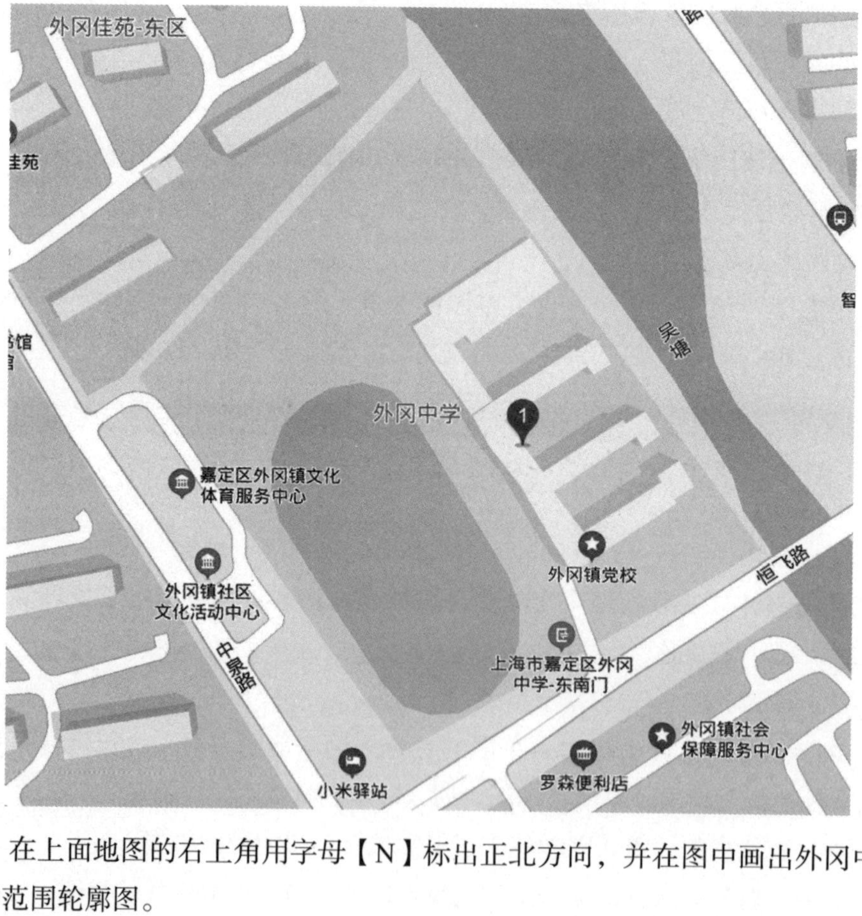

1. 在上面地图的右上角用字母【N】标出正北方向，并在图中画出外冈中学百草园的范围轮廓图。

2. 该地图的比例尺是__________，代表图上的 1 厘米是实际的________米。百草园在操场的________方向。

3. 我和________、________、________同学组成学校百草园的面积测量小组，我们测出的面积是______________。

4. 我们测量面积的方法是____。

5. 与我们使用不同测量方法的是________小组，他们使用的方法是______________________，测量的结果是____。

知识链接

测量土地面积的办法

目前，测量土地面积大多数采用专业的测量仪测量和人工测量这两种方式。测量仪测量所需的测量仪器需要专门购买，费用高昂。测量仪器有手动和自动两种模式：采用手动模式测量时，整个测量过程都必须要手动确认每个测量点，直至终点，缺点是劳动量巨大、耗时长、结果不精确、需要专业技术人员才能正确使用；采用自动模式测量时，仪器每隔一定时间采样测量点，缺点是成本高、采集数据量大、计算费时长。人工测量主要是通过丈尺来丈量，然后手动算出面积，缺点是费时费力、精确度低。

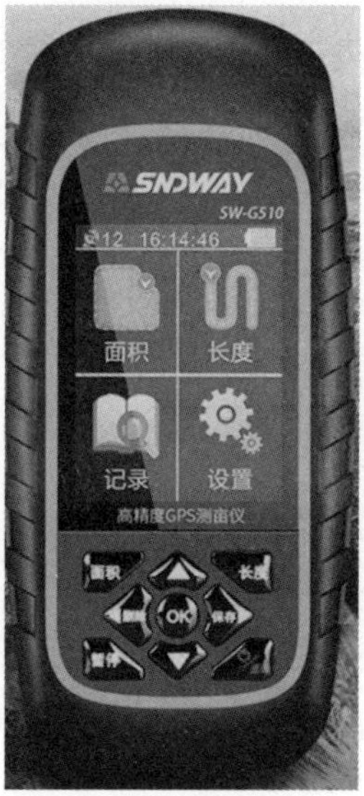

当前手机的定位精度越来越高，用手机测量土地面积已成为可能，手机可以用 GPS 和 A-GPS 进行土地测量，手机用 A-GPS 测量的面积比用 GPS 测量的面积更加准确可靠，在测量相对较小面积土地时 A-GPS 更具有优势，在测量面积为 6 hm^2 左右时就能达到很好的精度。

活动二　了解百草园的历史

探究活动

1. 为了了解百草园的历史，我们查阅了一些资料，这些资料有____。

2. 这些资料来自____。

3. 我们还走访学校的老教职工，向他们了解百草园的信息。他（她）们是________________________________，我们了解到的信息是____。

4. 根据走访和自主调查，完成下列百草园开展活动情况表。

百草园开展活动情况表

序号	举行时间（年 / 月）	活动内容	是否感兴趣

我们小组对______、______这几个活动项目感兴趣的原因是______

______

______。

5. 四人为一组写调查报告。

我和______、______、______同学组成一个小组，______同学担任组长。我们小组在了解学校历年来围绕百草园开展的活动的基础上，写出了我们的调查报告。主要内容如下。

______

______

______

______

______

______

______

6. 由班长主持，全班评出四篇优秀的调查报告。这四篇调查报告是______

______

______。

7. 我对学校历年来围绕百草园展开的活动最感兴趣的是______

______，理由是______

______

______。

活动三　了解百草园的环境

知识链接

国家气象信息中心是了解气候数据的权威部门。

我们可以通过中国气象数据网 http://data.cma.cn/site/index.html 或用手机扫描上图中的二维码进入国家气象信息中心，也可以进入上海气象局官网 http://www.smb.gov.cn/sh/xxgk/gknb/index.html 获取相关信息。

探究活动

1. 填空。下图是嘉定区嘉定新城＿＿＿＿＿＿镇的气候数据。

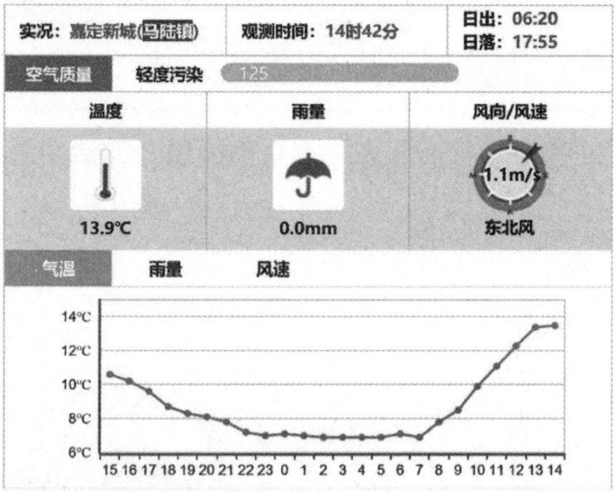

2. 嘉定区外冈镇今日（＿＿＿年＿＿＿月＿＿＿日）的气候数据。

白天天气＿＿＿（阴、晴、雨、多云），气温＿＿＿摄氏度，日出：上午＿＿＿；夜间天气＿＿＿（阴、晴、雨、多云），气温＿＿＿摄氏度，日落：下午＿＿＿。

3. 外冈镇的气象数据来自________________（网页、广播、手机）。

4. 下面是上海市 2018 年月平均气温和降水量数据表，请将平均最高、最低气温分别转换成曲线图，年平均降水转化为柱状图。

月份	1	2	3	4	5	6	7	8	9	10	11	12	全年
平均最高温度 /℃	7.6	8.7	12.6	18.5	23.2	27.8	31.8	31.6	27.4	22.4	16.8	10.7	19.9
平均最低温度 /℃	0.3	1.1	4.9	10.4	15.3	20.1	24.7	24.7	20.5	14.3	8.6	2.7	12.3
平均降水量 /mm	44	62.6	78.1	106	123	159	134	126	156	50	48.9	40.9	1124

5. 因此，外冈镇的气候特征是：夏季________________；冬季________________；降水________________。

了解气候数据，对我们考察百草园有什么帮助？

____

____

活动四 了解百草园土壤种植的条件

知识链接

土壤酸碱度

土壤酸碱度主要由氢离子和氢氧根离子在土壤溶液中的浓度决定，以 pH 表示，故也称“土壤 pH 值”，即土壤酸度和碱度的总称。通常用土壤 pH 值来衡量土壤酸碱反应的强弱。pH 值在 6.5 ～ 7.5 之间的为中性土壤，6.5 以下为酸性土壤，7.5 以上为碱性土壤。土壤酸碱度通常分 7 级。

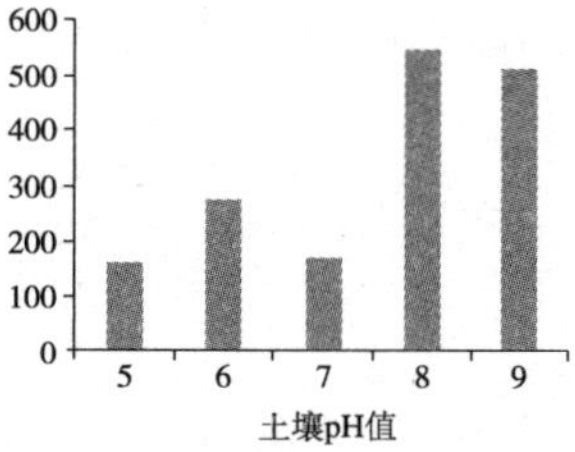

右上图表明，在微碱条件下（pH 值为 8 ～ 9），丹参的根增重情况最好；微酸（pH 值为 5 ～ 6）和中性条件（pH 值为 7）下，丹参的根增重较差。

探究活动

1. 测量土壤酸碱度的工具是 pH 试纸。在用试纸测量百草园的土壤之前，可先用试纸测量一下茶叶水和香醋。将测量结果分别写在对应图片的右边。

2. 想想，可以通过什么方法来测量百草园土壤的酸碱度、光照度和地表温度？

____

____

（测量土壤要先准备好工具和测量的材料，比如不锈钢铲、塑料盆、记录本、铅笔、玻璃杯、pH 试纸等。）

知识链接

光照度可以使用照度计测量。照度计也称勒克斯（lx）计，是一种专门测量照度的仪器（如右图）。照度物体被照明的程度，也即物体表面所得到的光通量与被照面积之比。照度计通常是由硒光电池或硅光电池配合滤光片和微安表组成。

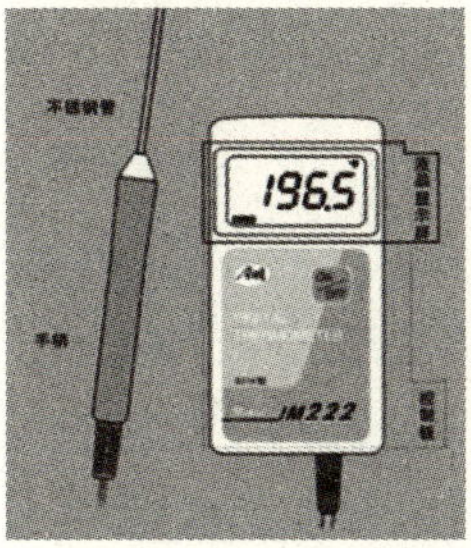

半导体温度计（semiconductor thermometer）是利用半导体元件与温度具有的特性关系构成的温度测量仪表（如左图）。由热敏电阻、连接导线和显示仪表组成，具有灵敏度高、构造简单和体积小等优点，通常用于测量与室温接近的温度以及测量快速变化的温度及点温度。

土壤采样是指采集土壤样品的方法，包括采样的布设和取样技术。采剖面土样，应在剖面观察记载结束后进行。在采样前应先将剖面整修、清理，削去最表层的浮土，再按层次自上而下逐层从中心典型部位取样。在田间采样时，由于土壤本身存在着空间分布的不均一性，因此应以地块为单位，多点取样，再混合成一个混合样品，这样才能更好地代表取样区域的土壤性状。

探究活动

3. 我和________、________、________组成小组，________任组长。
4. 在百草园的土壤采样点有四个，我们的采样点如图。

5. 我们准备的工具和材料是________________________。
6. 我们测试的步骤是____________________________。
7. 我们组测试结果是____________；其他组测试结果是____________。

活动五 了解百草园内土壤实际污染情况

知识链接

土壤污染物

土壤污染物大致可分为无机污染物和有机污染物两大类。无机污染物主要为工业污水、汽车尾气、酸雨、堆积物；有机污染物主要为生活污水、化肥、农药、塑料等。这些污染物会导致农作物减产和农产品品质降低，影响人的身体健康。

探究活动

1. 我们对百草园进行了实地考察，发现百草园内地表土壤__________（有 / 无）杂草和生活垃圾。生活垃圾有____。

2. 对此，我们组采取具体的清理措施是______________________________；其他小组的方法是____。

3. 怎样才能知道土壤是否被污染呢？土壤污染的判断标准，可以登录中华人民共和国生态环境部官网查看《土壤环境质量农用地土壤污染风险管控标准（试行）（GB15618-2018）》。

4. 四人一组，我和____________、____________、____________组成小组，我们通过查阅资料总结出，地表土壤污染的修复方法主要有：

（1）____；

（2）____；

（3）____。

5. 为了宣传土壤环境保护的重要性，提高每一位同学的环保意识，请在下方设计小组土壤环保板报。

为了获取更好的宣传效果，我们打算通过____

____

的方式来宣传小组板报。

活动评价表

评　价　内　容	自评	互评	师评
活动一			
通过查阅地图，知道外冈中学的地图比例尺			
通过查阅地图，知道外冈中学的地图方向			
通过查阅地图与比例尺，计算百草园的面积			
通过实际测量，计算百草园的面积			
实际测量时，小组成员出勤情况			
实际测量时，小组配合情况团结有效			
活动二			
通过综合查阅、询问，了解百草园的历史			
通过综合查阅、询问，了解百草园举办的历届活动			
通过综合查阅、询问，撰写百草园调查报告			
通过走访调查，完成表格填写的情况			
小组成员参与走访的出勤情况			
学生踊跃参与优秀调查报告的评选情况			
活动三			
通过综合查阅、询问，了解百草园的气温特征			
通过综合查阅、询问，了解百草园的降水特征			
总结整理百草园的气候特征的具体资料			
查阅资料途径的多样化与资料的准确度			

（续表）

评 价 内 容	自评	互评	师评
活动四			
通过综合查阅、询问，了解百草园的土壤种植条件			
通过综合查阅、询问，了解百草园的土壤污染情况			
测量土壤污染时，工具使用的熟练程度			
利用网络获取土壤污染生态信息的情况			
小组设计并实施的具体土壤修复措施			
小组实施土壤修复措施过程中组员分工有序			
小组实施土壤修复措施过程中组员出勤情况			
小组实施土壤修复措施的结果			
活动五			
探究小组设计土壤环保板报的资料收集情况			
探究小组的土壤环保板报的设计工作分工明确			
探究小组的土壤环保板报的设计工作有效合作			
探究小组按时完成板报设计			
探究小组的环保板报的设计符合设计要求			
探究小组的环保板报在校内进行宣传			
探究小组在校内进行宣传的出勤情况			
探究小组宣传环保板报的方式多样化			
探究小组的宣传板报在校内的宣传效果			

评价等第：优秀、良好、一般

项目二　规划百草园

一、学习目标

1. 知道学校百草园目前地表适宜种植中草药的整体园内环境情况与灌溉水源；

2. 知道外冈镇气候特征下适合种植的中草药，并了解其生长习性；

3. 知道已确定种植的中草药之间的异同；

4. 知道如何合理分布已确定中草药的种植区域与分类种植的面积；

5. 知道领养园内绿地的具体方法，了解百草园的社会服务作用。

二、评价证据

1. 能根据学校百草园的环境说出改善园内环境的具体措施并确认水源渠道；

2. 能说出适合种植的几类中草药以及其生长习性；

3. 能说出这几类中草药之间的异同；

4. 能简单画出学校百草园的中草药种植分布图并计算分区面积；

5. 能设计领养绿地的具体方法，并简单梳理规划百草园的行为与社会服务活动的关系。

三、学习活动

1. 通过实地考察确认园内环境情况，明确地表固体垃圾与资源垃圾的清理方式与灌溉水源以及具体灌溉方式；

2. 通过查阅资料与寻访专业人士，记录适合种植中草药的名称，查找它们的相关图片和文字资料，记录它们的生长习性，总结特点；

3. 通过查阅资料，记录中草药之间的异同关系，分小组规划中草药的种植区域；

4. 通过绘制分区种植简易图，规划出自己所理解的百草园的中草药分布图并丈量与计算分区面积；

5. 四人一组进行绿地领养并且设计领养区名称与特色，通过查阅资料总结园区内服务于学校、大众的环保工作的宣传作用。

活动一 我帮百草园诊诊脉

知识链接

固体垃圾与资源垃圾

根据《中华人民共和国固体废物污染环境防治法》（简称《固体污染物防治法》）规定，固体废物包括工业固体废物、生活垃圾、建筑垃圾、农业固体废物等。通常所说的固体废物指固体垃圾，除了生活垃圾、餐厨垃圾等外，一般还包括电子废弃物、医疗废弃物等。不同的固体废物的处理方法也不同，比如电子废物一般是回收再利用，餐厨垃圾目前比较流行的是厌氧发酵产沼气等。

资源垃圾是指地表的可利用生物垃圾，或是将垃圾分类后，可再利用的垃圾类型。

探究活动

百草园内即将开展种植活动，在此之前，园区内还有没有什么问题呢？我们一起来诊断一下！

我们四人诊断小组的成员有________、________、________、________。

1. 园区内地表的固体垃圾和资源垃圾是否已清理干净？阅读知识链接后，根据园内实际情况，确认百草园内现有的固体垃圾有________________________________；资源垃圾有________________________________。

2. 想一想，这些垃圾的来源分别是哪里？

知识链接

处理垃圾的方法

由于垃圾主要包括固体颗粒、炉渣、污泥、废弃的制品、破损器皿、残次品、动物尸体、变质食品、人畜粪便等，其处理方式是通过物理的手段——如粉碎、压缩、干燥、蒸发、焚烧等，或生物化学作用——如氧化、消化分解、吸收等和热解气化等以缩小其体积、加速其自然净化的过程。

探究活动

3. 我们处理园区内的固体垃圾的方法可以是________________________。

4. 我们处理资源垃圾的方法是________________________。

5. 中草药的生长离不开水的灌溉，通过观察发现园区内的灌溉水源有哪些？是否可以用自来水？为什么？

知识链接

何为灌溉？

灌溉就是以人为方式使用天然降水（雨水）以外的其他水源供给土地或土壤水分。它多半用来种植农作物或其他植物，也可以用来维持地貌景观，还可以用于在干燥地区或在过度降雨后的地区进行植被重建。灌溉对农作物也有其他的好处，包括保护植物免于霜害、在粮食区抑制杂草成长，并且抑制土壤固结等。不用灌溉而以雨水为唯一水源的农业称为旱田。

灌溉所需的水源可以是附近也可以是距离比较远的水体甚至冰雪，如河流、泉水、湖泊、地下水、井、积雪等。是直接引入农田还是先储存在水库或蓄水池中，取决于季节性降雨与否或水源的远近。也可以将建筑屋顶或没有农田的山区雨水储存起来，为以后灌溉使用。

6. 百草园内可以选择的具体灌溉工具是什么呢？

我们的讨论结果是____

____

____。

其他小组的选择是____

____

____。

他们选择这种工具的原因是____

____

____。

活动二 寻找入住的中草药伙伴

探究活动

准备工作已就绪，接下来让我们来寻找适合在百草园内种植的中草药，整理一份入住名单吧。

1. 自行查阅资料并咨询相关专业人士（可见如下咨询表），完成“专业人士走访表”与“外冈中学百草园中草药入住名单”。

专业人士推荐名单

姓　　名	所任职务 / 学科
孙爱燕老师	中药材辨识社团
卫佳琴老师	生物

注：除了推荐表内的人选，也可自行寻找并完成表格。

专业人士走访表

采访者	专业人士姓名	采访记录

外冈中学百草园中草药入住名单

“入住者”照片	生长习性	各“植”特征

2. 因为外冈镇的气候特征是________________________________，所以，“入住者”们的共性是：①对气温的需求特征为________________________________；②对降水的需求特征为________________________________。

活动三　规划种植区域

探究活动

1. 你知道我们的百草园适合种植哪些中草药吗？

通过______________（上网搜索、走访专业人士、研究历史等）的方式，我知道了我们学校的百草园适合种植__________________________等中草药。

2. 我和__________、__________、__________同学组成学校百草园的规划小组，我们准备探究______________________________（中草药名称）。

探究内容示例

中草药名称	种植注意事项
薄荷 	**土壤：**以土层深厚、疏松肥沃、富含有机质的土壤为好。 **温度：**适宜生长温度为 20 ℃～ 33 ℃。要有充足的阳光。 **种植：**薄荷一般用根茎繁殖，春栽或冬前栽均可。薄荷最好是边刨边栽，以防根茎风干。 **浇水：**不要直接浇到叶子上，也不要让泥土溅到叶子上，以免产生病害。自来水最好在阳光下晒两天再用。 **肥料：**过期的牛奶、乳酸菌、洗米水、蛋壳，避免用化学肥料。

我们小组的探究内容

中草药名称	种植注意事项

3. 其他小组探究的中草药有__________、__________、__________等，我发现和我们探究的中草药在______________________________（温度、土壤、种植、浇水、肥料等）方面有着不同点，不同之处是______________________________（选择某一方面作比较，如浇水间隔的时间）。

4. 我们的百草园分为东北、东南、北、南、西北、西南六个区域，每个区域的环境各不相同，适合种植的中草药也各不相同。下表介绍了六个区域的环境特点和适合种植的中草药，可供同学们在规划时作参考。

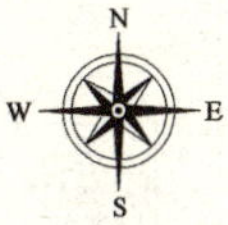

西北角可以种植连翘、枇杷等，因为它们有点高大。	北面可以种植秋葵，因为它们比较高大。	东北角可以种植爬山虎，因为它们可以靠墙攀爬。
西南角可以种植柴胡、黄连等，因为它们喜阴。	南面可以种植薄荷、艾草等，因为它们喜阳。	东南角（大门口）可以种植丹参、菊花等，因为它们的颜值高。

大门

5. 在下表中的六个区域内填上你规划种植的中草药名称。

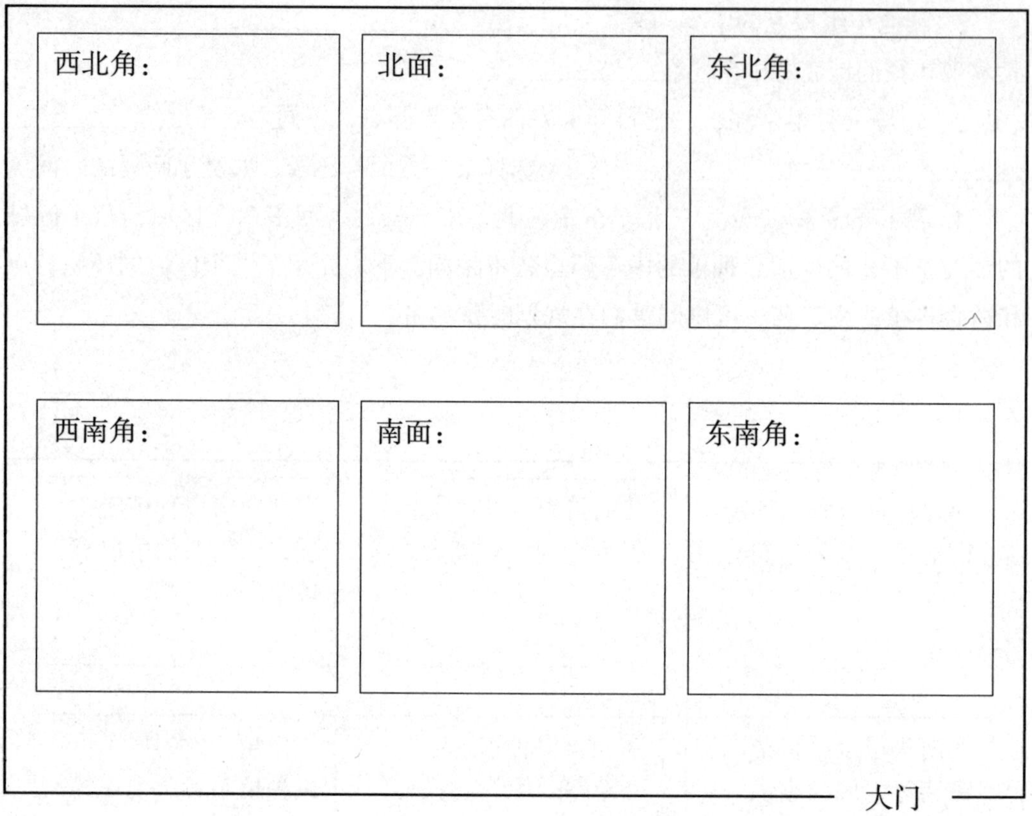

6. 经过我们的探究学习，发现以__________同学为组长的小组规划的中草药品种和我们组的不太相同。他们规划的种植区域内种的中草药如下。

西北角：____________________；西南角：____________________；

北　面：____________________；南　面：____________________；

东北角：____________________；东南角：____________________。

对此我的看法是____，

该组中的__________同学对我们规划种植的中草药的看法是____________________

____

____

____。

活动四 绘制百草园分布图

知识链接

比例尺

比例尺是表示图上距离比实地距离缩小的程度，也叫缩尺。公式为：比例尺＝图上距离 / 实际距离。比例尺是一个比，不带计量单位。根据地图的用途，所表示地区范围的大小、图幅的大小和表示内容的详略等不同情况，制图选用的比例尺有大有小。地图比例尺中，通常大于 1/200000 的地图，称为大比例尺地图；比例尺介于 1/200000 ～ 1/1000000 之间的地图，称为中比例尺地图；比例尺小于 1/1000000 的地图，称为小比例尺地图。

探究活动

1. 通过之前的学习和探究，我们已经知道了百草园的形状和面积，整体形状是____________，面积为_________平方米。

2. 我们决定种植的中草药有______种，我们心目中的草药分布图如图所示。

大门

（在长方形区域内用各种几何图形进行小区域划分，可以用圆形、扇形、正方形等，并且在这一图形的内部写上种植中草药的名称）

3. 与别组的中草药分布图进行比较，它们之间有哪些共同点和不同点（可以从面积和使用的合理性、美观性等方面比较）?

共同点:____

不同点:____

4. 我们组设计的分布图中包含了__________________________等几何图形，算出了其中三种图形的面积如下表。

几何图形	面　积
（1）圆形	
（2）	
（3）	
（4）	

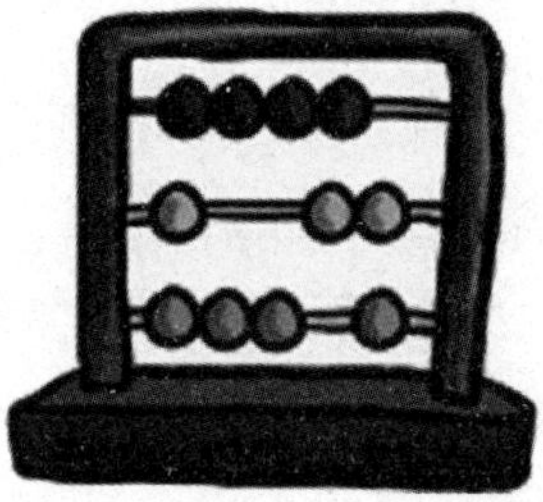

5. 我们在计算这几个图形时用到了下列几何图形的面积公式。

（1）求圆形的面积公式是 $S = \pi r^2$（r 是圆的半径）;

（2）____;

（3）____;

（4）____。

6. 在进行对百草园的实际面积分割时，我们运用到的比例尺可以是 1 : ______，也就是说图上的 1 厘米表示实际的________米。

活动五 我是百草园的小主人

知识链接

做标识的注意点

标识是为了达到某种视觉效果的一种板式标配，旨在简单易懂，能清晰地传达指引信息，其意义如下：

1. 标识具有标记、警示的作用，它主要是通过视觉来表现它的作用。比如记号它是具有象征性、方向性、暗示性等功能的。文字样式是可以表现出性格、背景、含义的。形态与记号一同表现出象征与构造性意义。

2. 标识是一种信息传达媒体，它具有广告、交流的功能。

探究活动

1. 四人一组，我和__________、__________、__________组成一个小组，我们领养的是__________这一区域，在这个区域内种植的中草药有______________________________。

2. 我们给领养区域起的名字是__________________，这一名字的寓意是______________________________。

3. 我们设计的区域标识的设计意图是______________________________；而__________小组的设计意图是______________________________。

我们两小组的区别在于______________________________。

4. 大家都在给自己领养的区域设计标识，我们设计的标识是这样的（如下左图）；而__________小组（选择班级里的一个小组，填写它的名称）设计的是那样的（如下右图）。

我们组的标识　　　　　　　　别组的标识

5. 我们领养的区域内的中草药的药用价值是____。

我们可以用它们来________________（制作成泡茶的药剂或是装在袋子里驱蚊等）。

6. 在每年第二学期的校园开放日这天，我们可以带领即将进入外冈中学的学弟学妹们参观我们的百草园，假设我有幸担任了小小讲解员，我会从__________、__________、__________、__________等方面介绍我们的百草园。我还会带领他们来到我们小组的种植区域，和他们一起拍照留念，让他们也喜欢上我们的百草园。

知识链接

环保意识

校园中种植绿色植物除了能美化环境以外，还能增强同学们的环保意识，鼓励学生亲身参与绿色植物种植和养护行动，可以很好地唤醒同学们的环保意识。

每年的三月份学校都会组织同学们进行植物领养活动，同学们结伴领养校园中的绿色植物，在以后的日子里经常来照顾它，给它清理周围的枯枝，定期浇水，保护它不被人破坏等。

每一位同学都可以领养百草园里的中草药，有空的时候经常来照顾它们，记录它们的成长过程，在陪伴中草药成长的过程中增强环保理念。

活动评价表

评　价　内　容	自评	互评	师评
活动一			
分清百草园内的垃圾类别及来源			
知道处理垃圾的基本方法			
了解灌溉水的来源			
知道灌溉的主要方式			
活动二			
寻访专业人士时的态度			
寻访专业人士过程中的笔记记录情况			
寻访专业人士后的笔记整理情况			
了解适合种植中草药的名称			
查找中草药的相关图片和文字资料			
记录适合种植的中草药的生长习性			
总结适合种植的中草药的特点			
活动三			
记录中草药之间的异同情况			
能区分中草药之间的异同情况			
规划种植区域图的绘制情况			
规划图被采用的情况			

（续表）

评 价 内 容	自评	互评	师评
活动四			
绘制分区种植简易图时的态度			
知道百草园的形状面积			
分区种植简易图绘制的完整度			
分区种植简易图的认可度			
讲解自己理解的中草药分布图时的清晰程度			
实地丈量百草园面积时的出勤情况			
实地丈量百草园面积时的记录情况			
能用公式计算分区面积			
活动五			
能给领养区域起名			
能设计标识			
设计标识的认可度			
能说出中草药的药用价值			

评价等级：优秀、良好、一般

（本单元编写者：朱晨、周品懿）

第二单元

播种梦想

项目一　播种百草园

一、学习目标

1. 了解适合学校种植的灌木类、草本类、藤本类中草药植物的品种；

2. 知道适合学校种植的具有同类功效的中草药植物品种；

3. 知道本地区常见的药食同源的植物品种；

4. 知道不同中草药植物的种植季节、气候；

5. 知道不同中草药植物的种植方法。

二、评价证据

1. 能准确找出适合学校生长条件的灌木类、草本类、藤本类中草药植物；

2. 能准确写出适合学校种植的具有同类功效的中草药植物品种；

3. 能准确知道本地区各种常见的药食同源的中草药植物；

4. 能准确了解不同类植物习性适合种植的季节、气候；

5. 能用具体办法实现各种中草药植物的种植。

三、学习活动

1. 通过实地勘察准确分辨学校目前种植的灌木类、草本类、藤本类药用植物品种，分小组分别勘察记录汇总；

2. 通过查阅资料筛选适合学校种植的具有同类功效的中草药品种，分小组分别查阅记录品种；

3. 通过查阅资料和问询师长来了解药食同源的蔬菜瓜果并记录；

4. 通过查阅资料和问询师长来确定不同植物相应的种植季节气候并记录；

5. 学习不同品种植物的具体种植方法，针对百草园的分布拟定具体可行的种植方案。

活动一　了解藤本植物、灌木植物、草本植物

知识链接

藤本植物

藤本植物，又名攀缘植物，是指那些茎干细长，自身不能直立生长，必须依附他物而向上攀缘的植物。藤本植物依茎质地的不同，又可分为木质藤本（如葡萄、紫藤等）与草质藤本（如牵牛、长豇豆等）。

藤本植物一直是造园中常用的植物材料。如今可用于园林绿化的面积愈来愈小，充分利用攀缘植物进行垂直绿化是拓展绿化空间，增加城市绿量，提高整体绿化水平，改善生态环境的重要途径。

灌木植物

灌木是没有明显主干的木本植物，植株一般比较矮小，不会超过6米，从近地面的地方就开始丛生出横向枝干。都是多年生。一般为阔叶植物，也有一些针叶植物，如刺柏。如果越冬时地面部分枯死，但根部仍然存活，第二年继续萌生新枝，则称为“半灌木”。如一些蒿类植物，也是多年生木本植物，但冬季枯死。

常见灌木有玫瑰、杜鹃、牡丹、小檗、黄杨、沙地柏、铺地柏、连翘、迎春、月季、荆、茉莉、沙柳等。中国主要的灌木分布地区是浙江、江苏、安徽、河南等地。

草本植物

草本植物的植物体木质部较不发达至不发达，茎多汁，较柔软。与木本植物最显著的区别在于它们茎的支持力量，草本植物的支持力量为膨压。草本植物具有木质部不甚发达的草质或肉质的茎，其地上部分大都为于当年枯萎的植物体，但也有地下茎发达而为二年生或多年生的和常绿叶的种类。

按草本植物生活周期的长短，一般可分为一年生、二年生或多年生植物。

探究活动

1. 我和________、________、________同学组成探究小组，________同学担任组长。我们共同查阅关于藤本、灌木、草本的植物特征。这些资料的名称是________________，特征是________________________________。

2. 这些资料来自____。

3. 我们还询问了学校的生物老师、我们的家长关于藤本、灌木、草本的植物特征。他（她）们是____，生物老师或家长告诉我们的是________________________________。

4. 四人为一组写查阅报告。

我们写出了自己组的查阅报告（主题是适合学校百草园生长的藤本、灌木、草本植物类型），如下。

关于__________的查阅报告

一、查阅人：________________

二、查阅日期：________________

三、查阅课题：________________

四、查阅目的：________________

五、查阅方法：

1. ____

2. ____

3. ____

六、查阅情况和资料整理信息：

1. ____

2. ____

七、查阅结果：

1. ____

2. ____

3. ____

八、意见或建议：____

____

____

____

____

____

活动二　了解同类功效的中草药植物

知识链接

表证及解表药

所谓表证，就是指病在浅表，相当于现代医学的上呼吸道感染及传染病初期的症状。表证是由外邪侵犯肌表所引起的，可分表热证和表寒证两型。后者又有表实与表虚之别。发热、无汗、恶寒、脉浮紧等寒象较明显的为表实证，以麻黄汤主之；发热、自汗、恶风、脉浮缓等寒象较轻的为表虚证，以桂枝汤主之。

化痰止咳药

具有化痰止咳作用的药物叫作化痰止咳药。当呼吸系统疾病具有咳嗽、咳痰两种症状时就应该选用化痰止咳的中草药或中成药来进行治疗。中医上咳嗽有痰常分为寒痰和热痰。寒痰是指因感受寒冷之邪所引起的咳痰，痰色清白而稀薄，痰量较多，通常采取温化寒痰的治疗原则；热痰是指因感受火热之邪所引起的咳痰，痰色黄而黏稠，不易咳出，通常采取清化热痰的治疗原则。

探究活动

1. 我和________、________、________同学组成探究小组，________同学担任组长。我们去学校图书馆或通过网络等查阅关于中草药的功效类别。这些资料

的名称是____

____。

2. 中草药功效的类别有____________________________________

____。

3. 我们还观察了学校目前的中草药植物品种有____

________________________________(名称)。

4. 四人为一组写查阅报告(内容有品种、功效、适合百草园种植条件)。

我们小组在了解学校中草药品种的基础上结合药物功效写出了我们的查阅报告。主要内容如下。

____

____

____

____

____

5. 与另一小组交流查阅报告,我们的查阅报告有如下异同点。

____

____

____

____

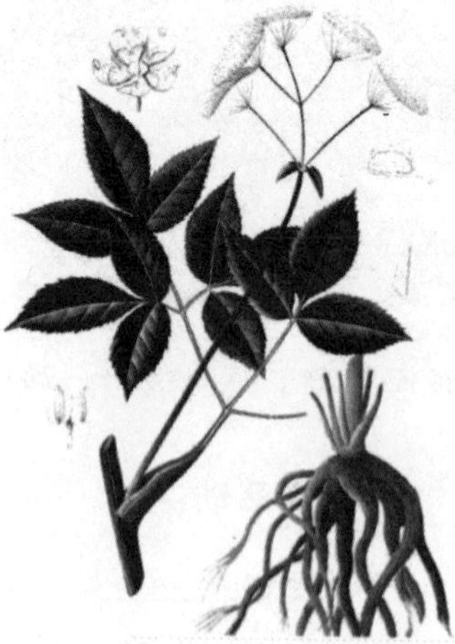

6. 老师审核录用的同类功效的中草药植物是______

____

____

____。

活动三　了解药食同源的植物品种

知识链接

中草药里的“咖啡”——决明子

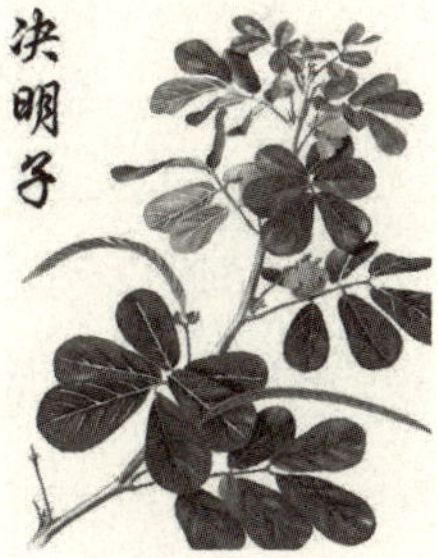

决明子，顾名思义，因其明目之功而得名。始载于《神农本草经》，被列为上品，“主青盲，目淫，肤赤，白膜，眼赤痛，泪出”。之后一直沿用至今。其性味甘、苦、咸，微寒。决明子清热明目，润肠通便，可用于目赤涩痛，羞明多泪，头痛眩晕，目暗不明，大便秘结。因其味道与咖啡相近，决明子也有了“土咖啡”“咖啡豆”的别名。

决明子的药理作用是泻下、降血脂等。决明子中的蒽醌类具有泻下作用，通过刺激肠道达到通便的效果。其还能抑制血清胆固醇升高和主动脉粥样硬化斑点形成，改善体内胆固醇的分布，从而降低身体血脂。

抑菌抗氧化——紫苏

紫苏又名赤苏、红苏，是唇形科紫苏属草本植物的干燥叶或嫩枝，紫苏是国家卫生部颁发的首批60种药食同源植物之一，近几年也越来越受到人们的重视。

紫苏的药理作用是抑菌、抗菌。紫苏叶挥发油对革兰氏阳性菌中的金黄色葡萄球菌和革兰氏阴性菌中的大肠杆菌具有较强的抵抗作用，尤其是金黄色葡萄球菌。

探究活动

1. 我和________、________、________同学组成探究小组，________同学担任组长。我们小组去学校图书馆，通过网络等查阅关于药食同源的植物品种。这

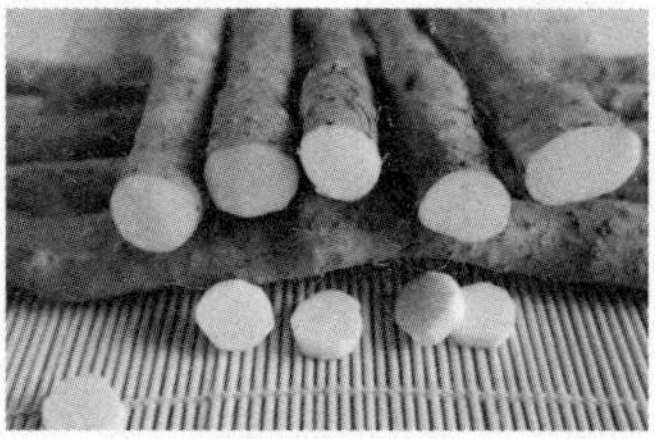

些资料的名称是____。

2. 找找家里药食同源的食物有____。

3. 询问家里长辈或观察家里是否有种植药食同源的植物，如有，请叙述。

____

家里是否还种植有不是药食同源的植物，如有，请叙述。

____

4. 四人为一组写查阅报告。

我们小组在充分了解药食同源的基础上写出了我们的查阅报告。主要内容如下。

____

5. 与另一组同学的查阅报告进行比较，列出异同点（名称、功效）如下。

____

6. 老师审核录用的药食同源植物有____。

7. 被老师否定的植物是__________________________，理由是____。

活动四 百草园里种点啥？

知识链接

上海的地理气候

上海位于中国华东地区，介于东经 120° 52′～ 122° 12′、北纬 30° 40′～ 31° 53′，地处长江入海口，东隔东海与日本九州岛相望，南濒杭州湾，北、西与江苏、浙江两省相接，上海市总面积 6340.5 平方千米。

上海地处太平洋西岸，亚洲大陆东岸，中国南北弧形海岸线中部，长江三角洲前缘，位于长江三角洲冲积平原上，平均海拔高度 4 米。西部有天马山、薛山、凤凰山等残丘，天马山为陆境海拔最高点。上海属亚热带季风性气候，温和湿润，四季分明，日照充分，雨量充沛。春秋较短，冬夏较长，年平均气温 16 ℃左右。全年无霜期约 230 天，年平均降雨量在 1200 毫米左右，但一年中 60％的雨量集中在 5 月至 9 月的汛期，汛期有春雨、梅雨、秋雨三个雨期。比较适合上海地区气候种植的药食同源的中草药有蒲公英、金银花、萝卜、艾草、秋葵、鱼腥草等。

探究活动

1. 我和________、________、________同学组成探究小组，________同学担任组长。我们通过查阅网络资料、咨询老师和家长，对我们当地的天气、地理和环境等条件有所了解并加以分析，再结合当地常见的一些中草药，我们决定种植________、________和________。

2. 我们决定种植这些中草药的理由是____。

3. 我们初选要种植的中草药是＿＿＿＿＿＿、＿＿＿＿＿＿和＿＿＿＿＿＿。但最终否定种植它们的理由是＿＿。

我们咨询的老师和家长是＿＿＿＿＿＿＿＿＿＿，他们给我们的建议如下。

＿＿

4. 我们活动小组主要通过对上海的＿＿＿＿＿＿＿＿和＿＿＿＿＿＿＿＿相关资料的查阅，筛选出一部分我们认为可以在上海地区种植的中草药，它们分别是＿＿＿＿＿＿＿＿、＿＿＿＿＿＿＿＿和＿＿＿＿＿＿＿＿。然后我们又通过咨询老师和家长，听取了他们的意见，最终选择种植＿＿＿＿＿＿、＿＿＿＿＿＿和＿＿＿＿＿＿。

5. 我们所查的资料是＿＿＿＿＿＿＿＿＿＿＿＿＿＿＿＿＿＿＿＿＿＿＿＿＿＿＿＿，

我觉得对我们这次活动最有帮助的资料是＿＿＿＿＿＿＿＿＿＿＿＿＿＿＿＿＿＿＿＿＿＿＿＿＿＿＿＿。

本次探究活动我们最大的收获是＿＿。

活动五 播种＿＿＿＿＿＿，播种梦想（活动任选其一）

知识链接

（一）播种蒲公英，播种梦想

蒲公英是众所周知的野生蔬菜和中草药，又名黄花地丁，是菊科多年生草本植物，生命力和繁殖力极强，耐涝，抗旱，对土壤要求不严格，耐寒性较强，平均地温达到 4 ℃就能迅速生长。蒲公英有很高的营养价值，据测定，其叶的可食部分达 84%，富含多种氨基酸和维生素，蒲公英叶嫩时可凉拌生食，是一种极好的蔬菜，根茎去皮抽芯亦可腌食，植株以富含钾而著称。

探究活动

（一）播种准备

1.（选地、选种）我们组选的种植位置是＿＿＿＿＿＿＿＿，面积大概是＿＿＿平方米。初步预算需要种子＿＿＿克。

2.（施肥）我们所选的地需要施肥大概为：有机肥＿＿＿千克，混合过磷酸钙＿＿＿千克，均匀铺撒地面，再深翻＿＿＿厘米。

3.（做床、做垄）地面整平耙细后，做宽＿＿＿厘米、高＿＿＿厘米、长＿＿＿米的播种床或做高＿＿＿厘米、基宽＿＿＿厘米、肩宽＿＿＿厘米的小垄。

（二）播种

1. 床上播种。横向开深＿＿＿厘米、宽＿＿＿厘米的小沟，将种子均匀播入沟内，用细土覆盖，用木磙镇压，行距＿＿＿厘米。

2. 垄播。顺垄开深______厘米，宽______厘米的小沟。播种后覆盖细土，用木磙镇压。

知识链接

（二）播种艾草，播种梦想

艾草具有香甜可口的味道，常被用于制作花露水，也可作为制作香醋的材料，

艾草的汁液擦于皮肤上，具有防蚊防蝇的效果。艾草叶常被欧洲人拿来泡茶饮用，有益肠胃健康，并能驱除孩童体内的寄生虫；将它放于洗澡水泡澡，可增进血液循环，置于枕头中可治疗失眠。艾草的适应性强，普遍生长于路旁、荒野、草地。只要是向阳且排水顺畅的地方都可生长，但以湿润肥沃的土壤生长较好。

探究活动

（一）播种准备

1.（选地、选种）我们组选的种植的位置是________________，面积大概是________平方米。初步预算需要种子________克。

2.（施肥）我们所选的地需要农家肥________千克，深耕与土壤充分拦匀，排后即浇一次充足的底水。

（二）播种

播种前施足底肥，深耕与土壤充分混合，做宽______厘米、高______厘米的播种床或起______厘米宽的小垄种植。留种地可起______厘米宽大垄。种子播下后覆______厘米，然后稍加镇压。播种量每平方米______克。平畦撒播，每平方米用种______克。播种后盖草保温，出苗时揭去盖草，约____天即可出苗。

知识链接

（三）播种秋葵，播种梦想

秋葵属棉葵科，又名羊角豆、咖啡黄葵、毛茄，原产于非洲，20世纪初由印度引入我国。它是一年生草本直立性植物，为一种新型保健蔬菜。秋葵含有营养价值很高的蛋白质、维生素及矿物质，其含量高于一般蔬菜和水果。秋葵具有一种特殊的香味，童叟皆宜，特别对青壮年和运动员消除疲劳、迅速恢复体力的作用极大。成熟后的种子含油率高达20%，是一种高营养物质。秋葵食用方法多样，可以凉拌、做汤、单炒或与青椒、鸡蛋、肉类等一起烹调。它有很好的医疗保健效用，被誉为人类极佳保健蔬菜之一。

探究活动

（一）播种准备

（选地、备种）我们组选的种植的位置是________，面积大概是______平方米。初步预算需要种子______克。播种前用______℃温水浸种____小时，然后擦干，于25 ℃～30 ℃条件下催芽____小时。

（二）播种

种子按行距______厘米、株距______厘米挖穴，先浇足底水，每穴播种______粒，覆土______厘米，每亩栽______穴左右。

（三）施肥

秋葵对土壤适应性______，不择地力，但以土层______、______、______的壤土或沙壤土较宜。肥料在生长前期以______为主，中后期需________、________较多。

活动体会如下。

____

____

活动评价表

评　价　内　容	自评	互评	师评
活动一			
能写出资料的名称和藤本植物的特征			
能说出资料的来源			
能说出适合学校生长的藤本、灌木、草本植物			
探究小组能按要求完成查阅报告			
活动二			
通过查阅资料知道中草药功效的分类			
实地勘察校园内植物，能分辨出三大类植物品种			
实地勘察学校的中草药植物同类品种数目			
探究小组能按要求完成查阅报告			
查阅报告内容详细且具有可操作性			
被老师审核录用的同类功效的中草药植物品种数量			
活动三			
通过查阅资料知道药食同源的植物品种数量			
知道家里食用过的药食同源的蔬菜瓜果品种			
通过询问家长知道药食同源的蔬菜瓜果数量			
探究小组能按要求完成查阅报告			
查阅报告内容详细且具有可操作性			
被老师审核录用的药食同源的植物品种数量			

（续表）

评 价 内 容	自评	互评	师评
活动四			
会利用各种途径了解当地的天气			
会通过不同的学习途径分析当地的播种条件			
会选择适合当地播种生长的中草药			
播种前认识一些播种必备的工具			
活动五			
学会分析百草园已有的土地，选择播种的位置			
大概知道所要播种的中草药、播种前的土壤环境			
会简单测量要播种的中草药的土地面积			
根据已有的土地初步预算需要的种子数量			
知道播种时每一棵中草药的株距和行距			
通过网络等手段了解有机肥、氮肥、磷肥、钾肥等			
知道播种的中草药需要施的有机肥			
大概知道所播种的面积需要施肥的数量			
大概知道施肥的方法，是铺散还是掩埋等			
知道播种床、做床、做垄、基宽、基高等概念			
如果是播种种子，知道采用挖穴还是播撒方式播种			
挖穴播种子，知道每穴播种种子的适宜数量			
知道播种前浇一次充足的底水为宜			
中草药种植探究活动的参与情况			

评价等第：优秀、良好、一般

项目二　播种中医梦

一、学习目标

1. 知道中国古代历史上的中医名家代表人物；
2. 知道嘉定的中医名家代表人物；
3. 了解身边的中医医生的事迹；
4. 了解现代中医面临的困境；
5. 运用中医理论，完善自我。

二、评价证据

1. 能说出中国古代的中医名家代表人物；
2. 能说出嘉定的中医名家代表人物；
3. 能说出身边的中医医生的事迹；
4. 能说出中医面临的困境；
5. 能运用中医理论，开展实践活动。

三、学习活动

1. 通过不同途径了解中国历史上的中医名家代表人物及其贡献；
2. 通过不同途径了解嘉定地区中医名家代表人物及其生平事迹；
3. 通过多种形式来了解身边的中医医生的事迹；
4. 通过多种途径了解中医面临的困境；
5. 通过多种实践中医理论的活动，实现个人的发展。

活动一　了解中医名家

知识链接

中医发展

中医学至今有数千年的历史，它是在长期医疗实践中积累了丰富的防治疾病经验的基础上形成的具有独特理论体系的一门医学科学。

早在夏商周时期就已奠定了现代中医学基本理论的基础。秦汉时期，中药学初步确立。从魏晋南北朝到隋唐五代，脉诊取得了突出的成就，这一时期医学各科的专科化已趋成熟。唐代繁荣的经济促进了中药学的发展，从而进一步完善了中药学的规模格局。在宋代医学教育中，针灸教学有了重大改革。明代时，有一批医学家提出把伤寒、温病和瘟疫等病区分开。到了清代，温病学说达到成熟阶段，出现了《温热论》等专著。从明代开始，西方医学传入中国，一批医学家们主张"中西医汇通"，成为当代中西医结合的先声。明代医药学家李时珍历时27年，完成了中药学巨著《本草纲目》，全书载药1892种，成为中国本草史上最伟大的集成之作。自清朝末年，伴随着现代医学（西医）的大量涌入，中医发展受到严重冲击。人们开始使用西方医学体系的思维模式加以检视，中医学陷入存与废的争论之中。

探究活动

1. 我和＿＿＿＿＿＿、＿＿＿＿＿＿、＿＿＿＿＿＿同学组成探究小组，＿＿＿＿＿同学担任组长。我们小组选择＿＿＿＿＿朝代的中医名家作为探究对象，我们的探究对象是＿＿＿＿＿＿＿、＿＿＿＿＿＿＿。

2. 我们所收集资料的媒介名称是______。

3. 我们小组对探究对象的整理结果（包括生平、经历、成就等）如下。

探究对象一

______

______

探究对象二

______

______

4. 分析两位中医名家的异同点如下。

______

______

5. 通过本次活动，我们的体会如下。

我的体会是______

______。

同桌的体会是______

______。

活动二　了解嘉定中医名家

知识链接

嘉定历代名医

上海嘉定古名“疁城”，素有“教化嘉定”之称，乃江南水乡，素得舟楫之利，系经济富庶之地，人文蔚起之邦。古往今来名医世家辈出，见诸史籍者，始于元代，盛于明清；嘉定中医流派纷呈，有嘉定郁氏外科和嘉定黄墙朱氏外科等流派，可以看出嘉定中医流派学术传承繁盛。

元代：唐永卿；

明代：史宝、沈大生、唐朴等；

清代：马庭相、卫之松、郁士魁等；

近现代：张山雷、余伯陶、李培卿、陆瘦燕、沈六吉、朱春霆、陈之才、吴达侯、汪志仁、陈叔达、杨钧伯、李济舫、王季春、黄志忠等。

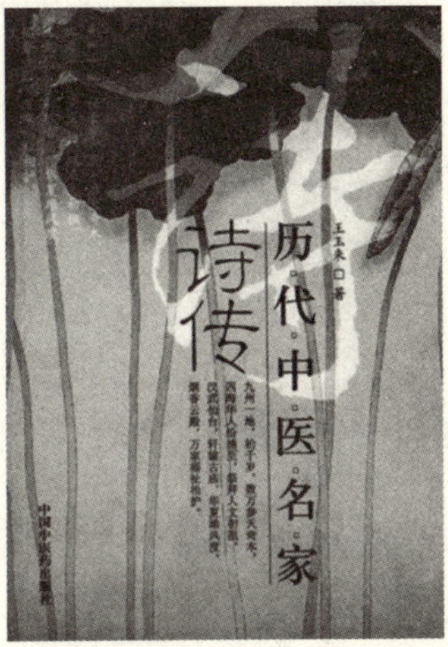

探究活动

1. 我和_________、_________、_________同学组成探究小组，_________同学担任组长。我们选择_________、_________、_________三位嘉定中医名家作为探究对象。

2. 我们所收集资料的媒介名称是____________________________________。

3. 对探究对象整理结果（包括生平、经历、主要成就等）如下。

示例：

郁士魁（清）

郁士魁，字桔泉，家居外冈，行医为业。他是二十代祖传医生，善于刀针，还精通溃疡科。

崇祯年间，他奉诏治疗流行的瘟疫病，授官于南京太医院。善刀针，精疡科。著有《外科证治金镜录》一书。

探究对象一

____

____

____

探究对象二

____

____

____

探究对象三

____

____

____

4. 将探究对象的生平、成就等做成 PPT。

我的 PPT 题目是______________________________。

5. 我们小组共有__________、__________、__________等同学交流 PPT，我最喜欢是__________同学的 PPT，理由是______________________________

____

____

______________________________（形式和内容）。

活动三 寻找身边的中医名家

知识链接

访谈技巧

1. 可以通过说家常、聊大家共同感兴趣的问题等方式进入访谈；

2. 当访谈对象没有反应时，可换一种提问方法或将问题具体化；

3. 可根据访谈情况，随时增添、删减问题或改变提问的顺序；

4. 可在得到一个问题的回答后故意停 3 ～ 4 秒，以便让对方说出更多的东西。

设计访谈问题的注意内容

1. 列出想了解的各方面信息的具体问题；

2. 围绕访谈目的，对具体问题进行归类整理、筛选和修改，问题避免过多、过细或过大；

3. 将问题按由简到难、层层递进的关系排列，可将一些不是非常重要却又想了解的问题作为机动题，待相关话题出现或有空余时间提出。

探究活动

在我们的身边也有着一群默默无闻工作在医疗战线上的中医医生，在民间也流传着许多佳话。

1. 我是通过__________途径知道了我身边__________、__________、__________中医医生的事迹。

2. 我和__________、__________、__________同学准备通过访谈__________来了解该医生的事迹。

3. 我们所访谈对象的资料如访谈对象资料卡所示。

访谈对象资料卡

姓名：

性别：

年龄：

职业：

家庭住址：

职务：

联系电话：

其他联系方式：

4. 我们设计的访问稿如下。

● 为获得较满意的访谈结果，我们先讨论了各自想了解的内容。

____

____

____

____

____

- 在对问题进行归类、筛选和修改后，我们列出了下列问题单。

5. 我们的收获如下。

- 通过访谈记录，总结访谈心得。

- 尽管我们认为自己做了充分的准备，可是在访谈过程中还是遇到了一些问题，如下。

- 事后我们分析遇到问题可能的原因如下。

活动四 了解中医面临的困境

知识链接

调查问卷注意事项

根据调查目的确定调查对象，需要考虑性别、年龄等因素。确定的调查对象要能够代表调查人群的总体状况，同时也要考虑自己的精力，如人数太多，可以适当缩小调查范围。

设计问卷注意事项：问卷的设计要以调查目的为基础，题目必须具有针对性。围绕每一个问题分别设计几个不同的题目。在设计题目时，要问问自己，通过这些题目是否能获得想要的信息。

探究活动

当今科技迅速发展，中医药的发展正面临着巨大的挑战，中医发展有许多困难。

1. 我和________、________、________同学确定要了解______________问题。
2. 我们小组确定调查的对象是____。
3. 我们设计的调查问卷如下。

____

____

____

____

____

4. 我们对调查的结果的总结如下。

- 不同答案选择人数统计表。

题 目	A	B	C	D
第 1 题				
第 2 题				
第 3 题				
……				

- 我们的调查结果和分析。

从第 1 题的结果可以看出____

____。

从第 2 题的结果可以看出____

____。

从第 3 题的结果可以看出____

____。

我们的结论是____

____

____

____。

活动五 学习中医理论，完善自我

知识链接

中医的基础理论是对人体生命活动和疾病变化规律的理论概括，它主要包括阴阳、五行、运气、脏象、经络等学说，以及病因、病机、诊法、辨证、治则治法、预防、养生等内容。

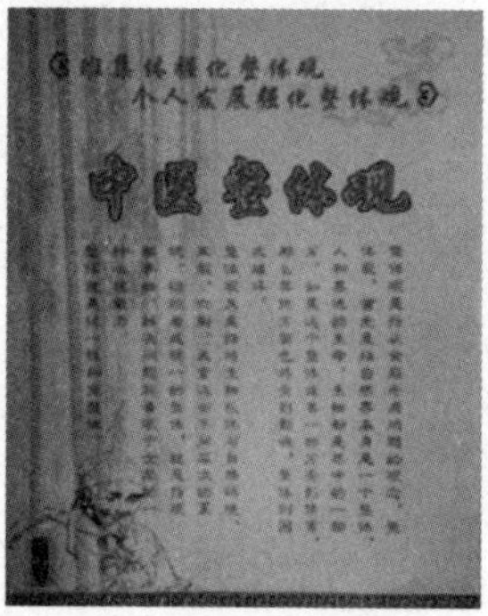

1. 整体观念。整体指统一性和完整性。中医的整体观念其内涵有两方面：一是认为人体是一个有机的整体；二是重视人与自然界的统一。

2. 辨证论治原则。“辨证论治”是中医认识疾病和治疗疾病的基本原则，是中医学对疾病的一种特殊的研究和处理方法，又称辨证施治。辨证论治包括辨证和论治两个过程，其中辨证即是认证识证的过程。证是对机体在疾病发展过程中某一阶段病理反映的概括，包括病变的部位、原因、性质以及邪正关系，反映这一阶段病理变化的本质。因而，相比症状，证能更全面、更深刻、更正确地揭示疾病的本质。所谓辨证，就是根据四诊所收集的资料，通过分析、综合，辨清疾病的病因、性质、部位，以及邪正之间的关系，概括、判断为某种性质的证。

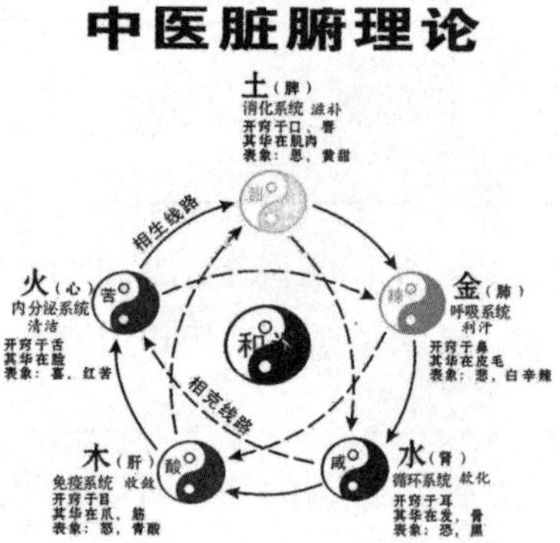

探究活动

1. 我和________、________、________同学认真学习了中医的理论。

- 我对其中的________理论较感兴趣。我对这理论的理解是____。

2. 小组成员通过自查和互纠发现自身存在的问题。

- 我自查的结果是____________________。
- 小组其他成员自查的结果是____。

3. 我们的小组的实践活动计划如下。

____

4. 通过实践活动，总结个人得失并在组内交流。

- 我的总结

____

- 我同桌的总结

____

活动评价表

评　价　内　容	自评	互评	师评
活动一			
明确所需资料及其来源			
能认真做好资料的记录			
筛选和整理资料时能考虑各种因素			
能分析出中医名家的异同点			
能做好总结与交流			
活动二			
明确所收集资料及其媒介来源			
能做好资料的记录和整理			
能认真完成 PPT 的制作			
能做好活动总结			
能积极参加小组交流			
活动三			
能明确访谈对象			
能设计合理的访谈问题			
积极参加访谈，态度诚恳			
能对访谈结果进行总结			

（续表）

评　价　内　容	自评	互评	师评
活动四			
能明确调查的问题			
能根据多种因素选择合适的调查对象			
设计的问题具有针对性			
能积极参与调查，不怕辛苦			
对调查结果能进行总结或反思			
活动五			
能积极学习中医理论			
能对中医理论有正确的理解			
能发现自身缺点			
能设计合理的实践活动			
能积极参加实践活动			
能认真参加组内交流			

评价等第：优秀、良好、一般

（本单元编写者：姚奕琦、孙爱燕、钱霞静）

第三单元

浇灌梦想

项目一　浇灌草药

一、学习目标

1. 了解百草园内中草药植物的分类隶属和生长习性；

2. 知道怎样灌溉中草药；

3. 学会安全施肥的方法，探究用环保方式防治病虫害；

4. 会对中草药植物的生长情况进行详细的记录；

5. 知道一些盆栽中草药的浇灌方法。

二、评价证据

1. 能说出百草园内每一种中草药植物的名称和科名，能说出它们的生长习性；

2. 能利用灌溉工具，正确灌溉中草药；

3. 能掌握一些安全施肥和用环保方式防治病虫害的方法；

4. 能设计出简洁又合理的中草药植物观察记录表，对中草药植物生长情况做详细记录；

5. 能够科学浇灌盆栽中草药。

三、学习活动

1. 用各种方式查阅资料，把每一种中草药的分类隶属和生长习性整理成一本小册子；

2. 利用各种途径学习怎样灌溉中草药；

3. 通过查阅资料与寻访专业人士，记录百草园内中草药安全施肥的方法，自主探究环保方式防治病虫害的方法；

4. 设计好中草药植物观察记录表，做好详细的观察记录；

5. 编制盆栽中草药浇灌手册。

活动一　编写百草集

知识链接

仙人掌（仙人掌科）

生长特性：

肉质多年生植物。喜强烈光照，耐炎热，耐干旱。喜扦插或嫁接繁殖。

功效：

清热解毒，舒筋活络，散瘀消肿，解肠毒，凉血止痛，润肠止血，健胃止痛，镇咳。用于胃、十二指肠溃疡，痔疮，急性痢疾，咳嗽。

用法示例：

把仙人掌切开取其汁液涂在脸上，15 分钟后用水洗净，可以美容。

薰衣草（唇形科）

生长特性：

薰衣草为多年生草本或小矮灌木，虽称为草，其实为花，所以在浙江一带又称之为蓝香花。丛生，多分枝，叶互生。穗状花序顶生，有蓝、深紫、粉红、白色等，常见的为紫蓝色，全株略带木头甜味的清淡香气，花期 6 ～ 8 月。

功效：

保养肌肤，治疗身体，放松身心，抚慰心灵，镇静安神。

用法示例：

用约 5 g 薰衣草粉撒到浴缸中泡浴。能够收缩全身肌肤，供给皮肤营养，香身美体，舒缓压力。

探究活动

1. 我们小组四人分工合作编制校园里的中草药小册子。

__________同学负责介绍的中草药是______________________________；

__________同学负责介绍的中草药是______________________________；

__________同学负责介绍的中草药是______________________________；

__________同学负责介绍的中草药是______________________________。

2. 这些资源来自________________（杂志、网络、电视、广播、农民等）。

3. 仙人掌喜强烈光照，耐炎热，耐干旱，它的朋友有______________；吊兰喜温暖，喜湿润、半阴的环境，它的朋友有______________________。

4. 我们编制的校园中草药手册中，每个人整理得最满意的一种中草药的基本信息呈现在下方（图片可以素描或贴图片）。

________同学	________同学
________同学	________同学

5. 我最喜欢第____幅图________同学的介绍，因为____。

活动二 正确浇灌中草药

知识链接

中草药的灌溉

水分是中草药生长发育的重要条件之一，水分不足，植物萎蔫，轻则减产，重则死亡；水分过多，茎叶陡长，延迟成熟，甚至使根系窒息而死，故灌溉是种植中草药不可忽视的关键环节。

（一）灌溉的一般原则

灌溉需要根据不同中草药的习性区别对待，如甘草、麻黄等性喜干旱应少浇水；泽泻、莲等水生植物则不能缺水。通常一年生中草药从播种到开花，需水量不断增加，开花盛期后需水量开始减少。一般药用植物苗期宜勤灌、浅灌，生长盛期应定期灌透水。花期对水分要求较严，过多常引起落花，过少则影响受精；果期在不造成落果的情况下，可适当偏湿；接近成熟期应停止灌水。夏季灌水，为减少土温与水温的差异，宜在早晚进行。盐碱成分过高的水和有害废水不能用于灌溉。

（二）灌溉方法

灌溉方法有沟灌、畦灌、淹灌、喷灌、滴灌、渗灌、皮管浇灌等，目前采用较多的是畦灌和沟灌。有条件的地方，应向喷灌和滴灌方向发展，用最少的水量获得最高的产量。

沟灌

畦灌

喷灌

滴灌

探究活动

1. 为了浇灌百草园内的中草药，我们查阅了一些资料，这些资料来自____（杂志、网络、广播、电视等）。

2. 我们还走访了学校的一些老教职工，向他（她）们了解浇灌中草药的方法。他（她）们的介绍如下。

（1）张老师浇灌甘草的方法是幼苗期用喷灌方法，保持幼苗湿润，成株后很少灌水，如有积水应及时排出；

（2）____；

（3）____。

3. 我和__________、__________、__________同学组成一个小组，__________同学担任组长。我们的浇灌方法及理由如下。

（1）小明的浇灌方法是用洒水壶浇，理由是洒水壶轻便、浇水比较均匀，提高了水的利用效率，节约用水；

（2）____；

（3）____。

4. 针对第 3 小题的三种浇灌方法，分析各种浇灌方法的优劣势（相同条件下）。

各种浇灌方法的优劣势

方　法	工　具	优　势	劣　势
喷灌	洒水壶	轻便、节水	水壶太小、装水频率过高

5. 从甘草、枸杞、艾草、蒲公英、金银花中选取一种或自选一种中草药，在左下方的方框内画上相应的图片，并写出它的名称、浇灌规律及方法。

中草药名称是__________，它应在______（清晨、白天或晚上）浇水，用______方法浇水，______（多长时间）浇一次水，一次浇水量为____ L。炎热的天气______（多长时间）浇一次水，潮湿的天气______（多长时间）浇一次水。

________的图片

活动三　中草药的施肥和防治

知识链接

施　肥

施肥，是指将肥料施于土壤中或喷洒在植物上，提供植物所需养分，并保持和提高土壤肥力的农业技术措施。施肥的主要目的是增加作物产量，改善作物品质，培肥地力以及提高经济效益，因此合理和科学施肥是保障粮食安全和维护农业可持续性发展的主要手段之一。施肥的主要依据是土壤肥力水平、作物类型、目标产量、气候环境以及肥料特点，从而选择合适的肥料，估算所需要的肥料用量，并确定施肥时间和施肥模式。依据施肥时间的不同，可分为基肥（也叫底肥，是在播种或移植前施用的肥料）和追肥（是在作物生长过程中加施的肥料）；依据施肥模式的不同可分为撒施（是指将肥料均匀撒于田面或撒后耕作的施肥方式）、冲施（是指随浇灌而使用的施肥方式）、穴施（亦称点施，是指将基肥放入按行距和株距挖的坑内的施肥方式）、条施（也叫沟施，是指在作物行间靠近作物根处开一条沟，把肥料施入沟里的施肥方式）等。撒施和冲施有利于养分的扩散，施用方便，但养分损失大，利用率较低；穴施和条施养分损失少，利用率高，但要消耗一定的机械能。随着现代精准农业的发展，精确施肥也得到了快速发展，并将成为一种重要的施肥模式。

探究活动

1. 通过查阅资料与寻访专业人士，记录中草药安全施肥的方法。

（1）艾草：在播种前施足底肥（一般选用有机肥料），每采收一茬后再追肥（主要用有机肥料，适当用磷肥、钾肥）一次；

（2）____；

（3）____。

2. 从碳铵、尿素、过磷酸钙、草木灰、微量元素肥料、复合肥料或有机肥料（指人、畜粪）等中选出三种，写出完成下面表格。

肥料名称	优　点	使用注意事项
有机肥料	成本低、肥效持久、无污染	不能用生粪

3. 我和________、________、________同学组成一个小组，________同学担任组长。我们小组在中草药（甘草、枸杞、艾草、蒲公英、金银花等）中选三种写出它们安全施肥的方法。

（1）中草药名称：甘草

安全施肥的方法：用农家有机肥料，采用开沟施肥，埋入根系两侧，盖土覆盖。

（2）中草药名称:________

安全施肥的方法:________________________________。

（3）中草药名称:________

安全施肥的方法:________________________________。

知识链接

生物防治

生物防治，就是利用一种生物对付另外一种生物的方法，生物防治大致可以分为以虫治虫、以鸟治虫和以菌治虫三大类，它可以有效降低杂草和害虫等有害生物种群的密度。生物防治利用了生物物种间的相互关系，以一种或一类生物抑制另一种或另一类生物，它的最大优点是不污染环境，是农药等非生物防治病虫害方法所不能比的。

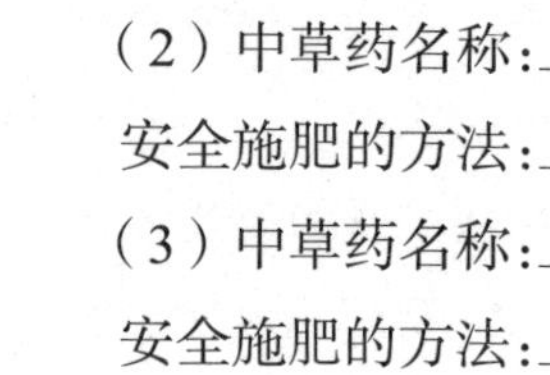

生物防治的方法有很多，下面介绍三种常用方法。

1. 利用天敌

利用天敌防治有害生物的方法应用最为普遍。每种害虫都有一种或几种天敌，能有效地抑制害虫的大量繁殖。

这种抑制作用是生态系统反馈机制的重要组成部分。利用这一生态学现象，可以建立新的生物种群之间的平衡关系。

2．选育抗性作物

选育具有抗性的作物品种防治病虫害，如选育抗马铃薯晚疫病的马铃薯品种、抗花叶病的甘蔗品种、抗镰刀菌枯萎病的亚麻品种、抗麦秆蝇的小麦品种，都已经取得成果。

3．耕作防治

耕作防治就是改变农业环境，减少有害生物的发生。不育昆虫防治是搜集或培养大量有害昆虫，用γ射线或化学不育剂使它们成为不育个体，再把它们释放出去与野生害虫交配，使其后代失去繁殖能力。美国佛罗里达州应用这种方法消灭了羊旋皮蝇。

利用生物防治病虫害，不污染环境，不影响人类健康，具有广阔的发展前景。

4. 我们小组通过查阅资料与寻访专业人士，记录了一些用环保方式防治病虫害的方法。

（1）张老师用洗衣粉、清油（如：纯菜籽油）配成溶液，杀死植株上的蛀虫；

（2）____________________；

（3）____________________。

5. 用环保方式防治病虫害的好处如下。

____

6. 我们小组用环保方式设计了一个防治甘草上蚜虫的方案。

我们的具体操作步骤如下。

____

7. 对我们的方案点赞的同学有____________________，点赞语是____________________。

8. ____组以______为组长，用环保方式设计了一个防治艾草上红蜘蛛的方案。

他们的具体操作步骤是____________________

____________________。

9. 我们对他们组的评价是____________________

____________________。

活动四 观察记录

现场观察

观察记录表

观察时间：6 月 8 日

名 称	种植时间	种植状态	种植时高度（cm）	现在高度（cm）	现在状态
女贞子	3 月 15 日	苗	25	55	开花
板蓝根	3 月 15 日	种子		120	结种、枯萎
大蒜	9 月 10 日	种子		60	已经收割
月季	3 月 15 日	枝条扦插	10	55	开花
玫瑰	3 月 15 日	苗	20	50	开花
决明子	4 月 1 日	种子		15	开花
爬山虎	3 月 15 日	苗	10	200	攀爬
肿节风	3 月 15 日	苗	8	40	长出新枝
盐霜柏	3 月 15 日	苗	40	90	长出新枝
金银花	3 月 15 日	苗	30	250	攀爬
松红梅	3 月 15 日	苗	20	60	开花
鱼腥草	3 月 15 日	根		30	开花
野胡萝卜	4 月 1 日	种子		30	开花
菊花	3 月 15 日	扦插	10	50	长出新枝
麦冬	3 月 15 日	苗	25	30	发新芽
益母草	3 月 15 日	种子		130	开花
青蒿	3 月 15 日	苗	15	120	长出新枝
紫金牛	3 月 15 日	苗	8	12	开花
韭菜	3 月 15 日	苗	10	30	叶子茂盛
玉簪	3 月 15 日	苗	8	20	开花

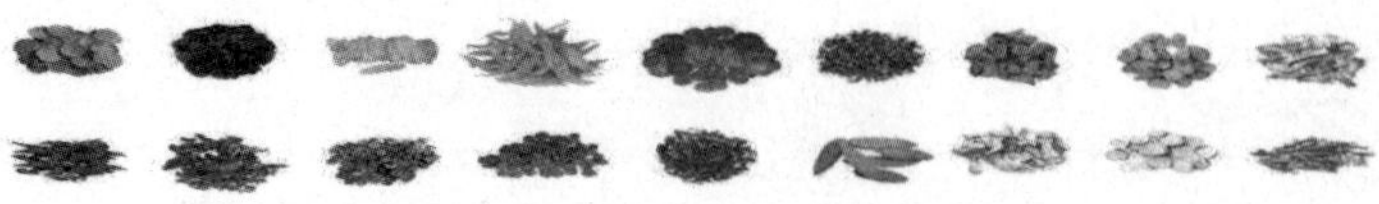

我负责观察的中草药植物记录表

观察时间：________

探究活动

1. 我们小组四人，分工合作观察记录百草园里的中草药植物并进行素描。

________同学负责观察记录和素描的中草药是________、________、________；

________同学负责观察记录和素描的中草药是________、________、________；

________同学负责观察记录和素描的中草药是________、________、________；

________同学负责观察记录和素描的中草药是________、________、________。

2. 将观察到的中草药画一幅素描在下页的方框内，并呈现相关的信息。

方框内素描和相关信息示例

	名称：薄荷 种植时间：3 月 15 日 种植时高度：10 cm 枝叶个数：3 个枝	观察时间：6 月 8 日 现在高度：60 cm 枝叶个数：10 个枝

（续表）

3. 我认为________同学的观察记录和素描做得最好，因为____________________

____。

4. 在这个活动中我的最大感触是____

____________________________________（观察要仔细、要有一定的素描基础等）。

5. 我和小组成员的合作情况如下。

____

____

____

____

____

活动五　学习盆栽浇灌方法

知识链接

盆栽薄荷的浇灌方法

薄荷可以泡茶入菜，用处很多，那么薄荷怎么养呢？下面便介绍盆栽薄荷的生长环境要求和浇灌方法。大家可以参考一下哦！

1．薄荷生长环境要求

薄荷喜温暖潮湿和阳光充足、雨量充沛的环境。根茎在 5 ℃～ 6 ℃就可萌发出苗，其植株最适生长温度为 20 ℃～ 30 ℃。有较强的耐寒能力。栽培薄荷的土壤以疏松肥沃、排水良好的沙质土为好。水分对薄荷的生长发育有较大的影响，植株生长初期和中期要求水分较多。现蕾开花期需要晴天和干燥的天气，要求水分较少。

2．盆栽薄荷的浇灌方法

播种后要浇透水。浇水要用细喷壶。不能用力，以免将种子冲走。最好用坐盆法，就是用大盆盛 2/3 盆水，将盆栽容器坐到盆中，然后让水从容器的底部小孔慢慢渗入，注意此时大盆中水位不要超过容器中土的高度。

浇灌时注意不要直接将水浇到叶子上，也不要让泥土溅到叶子上，以免产生病害。可以在盆栽土面上铺层小石子，美观又防病。自来水最好在阳光下晒 2 天再用。

盆栽薄荷喜欢温暖湿润的环境，所以要经常保持盆土湿润，但又不可过湿。具体浇灌应视土壤类型和天气状况而定。若土壤为黏质土壤，土质比较紧密，保水性强，则浇灌次数就可少些；若土壤为砂质土壤，则一浇水就马上渗出来，土质保水性差，这样就应增加浇水次数。此外，还应视天气状况而定。若是晴天且气温高，可多浇水；相反，若是阴雨天或气温较低，就应少浇水。

探究活动

我们小组确定的盆栽浇灌方法如下。

- （示例）中草药的树叶蔫了需要浇水

中草药名称：黄栀子

浇水间隔时间：7 天

浇水量（L）：0.5 L

1. 土壤开裂的盆栽需要浇水

中草药名称：________

浇水间隔时间：________

浇水量（L）：________

2. 多肉的叶子不饱满需要浇水

中草药名称：________

浇水间隔时间：________

浇水量（L）：________

3. 为了能多了解一些盆栽中草药的浇灌方法，我们先从铜钱草开始进行观察和研究。在家里的阳台上准备盆栽铜钱草，并记录下它的生长过程和浇灌方法（什么状态下浇灌、浇灌间隔时间、浇水量等）。

____

____

____

____

____

4. 我家的另一盆中草药盆栽是______________________________，

我的浇灌方法是______________________________

____

____

____

______________________________。

我的盆栽素描图

5. 我同学的中草药盆栽是______________________________

______________________________。

我同学的盆栽素描图

活动评价表

评　价　内　容	自评	互评	师评
活动一			
探究小组活动按时出勤情况			
查阅资料时的学习态度			
查阅资料时及时做记录			
查阅资料时团队合作情况			
询问老师和专家时态度积极恳切			
询问老师和专家的结果及时记录、整理			
能说出百草园中中草药植物分类隶属的情况			
能说出两种以上中草药植物的生长习性			
整理成的中草药植物小册子符合要求			
活动二			
实验小组的浇灌方法及理由合理			
比较各种浇灌方法的优劣势正确			
自选的一种中草药的浇灌规律和方法正确			
活动三			
通过查阅，记录一些中草药安全施肥的方法			
列举几种肥料的优点及使用注意事项正确			
实验小组的中草药安全施肥方法合理			
通过查阅，记录一些用环保方式防治病虫害的方法			
说出用环保方式防治病虫害的好处			
用环保方式设计的防治甘草上蚜虫方案合理			
小组成员相互的点赞语合理			
用环保方式设计的防治艾草上红蜘蛛方案合理			

（续表）

评　价　内　容	自评	互评	师评
活动四			
设计的中草药植物观察记录表符合要求			
对中草药植物的观察记录准确			
对一些中草药植物进行素描的完成情况			
小组成员记录过程中分工合作的情况			
活动五			
小组成员按时完成活动手册的记录			
活动手册的记录符合要求			
探究过程中小组成员态度积极			
探究过程中碰到问题能妥善解决			
小组成员在探究过程中做好完整的记录			
小组成员在探究过程中定期开展研讨活动			
小组成员能做好浇灌中草药项目的总结			
小组成员把浇灌中草药项目的经验分享和交流			
小组成员对自己的评价合理			
小组成员对他人的评价合理			
知道中草药的叶子蔫了需要浇水			
知道土壤开裂的盆栽需要浇水			
知道多肉的叶子不饱满需要浇水			
知道一般中草药植物不干不浇、浇则浇透			
掌握一些中草药植物浇灌的间隔时间			
掌握一些中草药植物的浇水量			
能用 pH 试纸测土壤的酸碱度			
能按照土壤的酸碱度来进行浇灌			

评价等第：优秀、良好、一般

项目二　浇灌梦想

一、学习目标

1. 知道一些医生追求梦想的经历；

2. 用医生追求梦想的精神激励自己追求梦想；

3. 用身边人追求梦想的精神激励自己追求梦想；

4. 明确影响自己追梦过程中的不利因素，找出解决的方法；

5. 与他人分享自己追求梦想的故事。

二、评价依据

1. 能说出一些医生追求梦想的主要经历；

2. 能说出医生追求梦想所体现的具体精神，能明确具体精神内容如何激励自己的成长；

3. 能说出身边的追梦人，明确他们怎样的精神激励自己如何成长；

4. 能从主客观两方面说出影响自己成长的不利因素；

5. 能与他人分享追求梦想的具体方法。

三、学习活动

1. 用各种方式搜集整理一些医生追求梦想的故事；

2. 整理医生追求梦想的具体精神，用以激励自己追求梦想；

3. 寻找身边的追梦人，想想怎样激励自己追求梦想；

4. 在学校、家庭的帮助下，分析影响自己追梦过程中的不利因素，找出解决的方法；

5. 用不同的形式举办梦想分享会。

活动一 医生追求梦想的故事

知识链接

华佗，一代神医

提起华佗，可说是无人不知，无人不晓。都知道华佗医术神通，是神医，可是谁又知道这神通的本领是怎么来的呢？现在我们学习中医的资源，和当年华佗学医的条件比起来，简直是天壤之别，可他又是如何成为一代神医的呢？从下面的小故事可见一斑。

华佗，字元化，是安徽亳县的名医。少年时他跟一位姓蔡的大夫学过医。他聪明、勤奋，很得师傅赏识。有一天，师傅把华佗叫到跟前说："你已学了一年了，认识了不少药草，也懂得了些药性，以后就跟你师兄学抓药吧！"

华佗高高兴兴地来到药铺，谁知师兄们欺负他年幼老实，一杆戥秤你用过了我用，就是不让华佗沾手。华佗想，若把这事告诉师傅，几位师兄必定会受到责怪；但不说又怎么学抓药呢？华佗琢磨了好几天，终于想出一个好办法。每当师兄们把药称完包好，他总要看着师傅开单的数量，用手掂量一下药包，心里默默记着，等闲下时再偷偷将掂量过的药包用戥秤称称，对证一下。这样天长日久，手上的功夫越来越熟练了。有一回，师傅让华佗抓药，见他竟不用戥秤，抓了就包，顿时怒形于色，严厉地说："你知道吗？抓药是人命关天的大事。你这样随手就抓，岂不是拿人的性命开玩笑！"华佗笑笑说："师傅，错不了，不信您称称看。"师傅半信半疑地拿过华佗包的药，逐一称了分量，可不是，跟自己开的分量分毫不差！他又开了个新药方，让华佗再抓几服，结果还是准确无误。师兄们十分惊奇，反复询问华佗的好手艺是怎样练出来的。华佗见隐瞒不住，只好如实讲了。师傅听到，激动地说："能继承我医道的，必定是华佗啊！"

探究活动

1. 为了整理一些医生追求梦想的故事，我和__________、__________、__________同学组成一个小组，__________同学担任组长。我们查阅了一些资料，这些资料来自______________________________（杂志、网络、广播、电视等）。

2. 我们还走访了学校的一些老教职工，向他们了解一些有名的医生。

示例：黄旭元，嘉定区中心医院院长，上海交通大学医学院附属仁济医院泌尿外科主任医师。长期从事泌尿外科的医疗、教学和科研工作，临床经验丰富。尤其是在激光前列腺切除术、输尿管镜下激光碎石术等泌尿腔内镜技术的临床应用。

（1）____

____。

（2）____

____。

3. 我们小组对附近一些不同科室医生进行采访。

（1）了解医生怎么说的。

示例：我对嘉定区中医医院中医内科主任蔡以生医生说的话“为医首重于德，急患者之所急，想患者之所想”感兴趣，理由是蔡医生凭着严谨的治学态度、广博的医学知识，以及高超的医术、高尚的医德医品，全心全意为患者服务。

我的同学__________（同学名）对__________（医生名）说的话__________________________________感兴趣，理由是______________________________________

____。

我的同学__________（同学名）对__________（医生名）说的话__________________________________感兴趣，理由是______________________________________

____。

（2）了解医生怎么做的。

示例：陈霞主任医师在嘉定区中心医院心血管内科（科室），她的学习经历是嘉定区外冈中学、嘉定马陆卫校、上海交通大学医学院、嘉定中心医院，擅长冠心病、心律失常、心力衰竭、高血压等心血管疾病的诊断与治疗。患者主观疗效：很满意（很满意／满意／一般／不满意），态度很满意（很满意／满意／一般／不满意），我的理由是陈医生是一个很专业的医生，医术精湛，态度可亲，对待病人很有耐心。

________医生在________________________（科室），他（她）的学习经历是____，擅长____的诊断与治疗。患者主观疗效：________（很满意／满意／一般／不满意），态度________（很满意／满意／一般／不满意），我的理由是____。

________医生在________________________（科室），他（她）的学习经历是____，擅长____的诊断与治疗。患者主观疗效：________（很满意／满意／一般／不满意），态度________（很满意／满意／一般／不满意），我的理由是____。

活动二 了解名医追求梦想故事的具体精神

知识链接

唐代的药王孙思邈

自己从小生病，受尽折磨，而后走上医路，这就是要提到的唐朝药王孙思邈。孙思邈在《千金要方》中曾自述“幼遭风冷，屡造医门，唐药之资，罄尽家产”。他自幼体质不好，总是生病看大夫，吃药花钱花到家里都没有了积蓄，且生平多次患痈疽之病，苦不堪言。用现在通俗的话讲，孙思邈就是个“病秧子”。正所谓“久病成医”，也正是这样的经历使得他有心潜入医学之境，救己亦济人。

南宋时期的名医李东垣

生于战乱频发的南宋时期，他就是李东垣。无论是从家世还是自身条件来看，李东垣的一生本该是顺风顺水的，然而世事无常，他的母亲王氏突然罹患重病，李东垣为了照顾母亲，经常是“色不满容，夜不解衣”，还“厚礼求治”于当地很多名医。母亲不停吃药，然而病情并不见好转，最后在病痛中去世。遗憾的是，直到母亲去世，李东垣和他的家人还没有弄清楚母亲到底是患了什么病，何以不治？这一夜李东垣彻夜未眠。母亲从生病到去世一直忍受病痛的折磨，而自己却不能为母亲分担些什么，这能称得上“孝”吗？于是，他立志学医，四处打听当时的名医，不惜重金求教，最后找到当时的易水学派开门祖师张元素，拜师学习，终成一代大家。

探究活动

1. 我和________、________、________同学选择了解____________（中医名家）追求梦想的故事。

2. 我们所收集的资料来自的媒介名称是____________________。

3. 我从________（中医名家）追求梦想的故事中感受到了以下精神。

____

____

____

____

4. 我从某位中医名家追梦故事中感受到的精神激励了自己的成长，并把相关内容做成了 PPT。

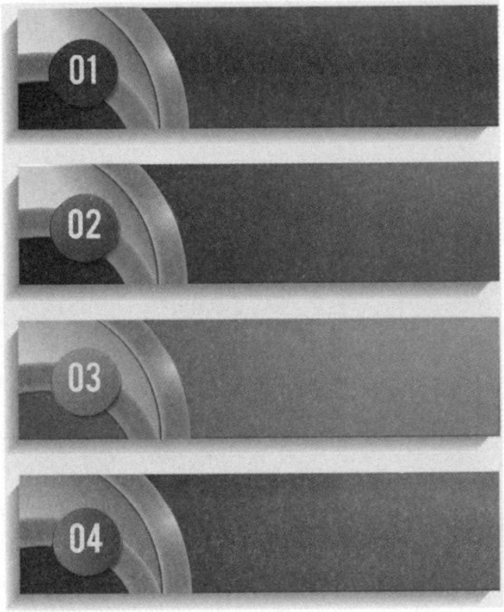

我的 PPT 主要内容如下。

____

____

____

____

____

____

____

5. 我们小组相互交流、总结各自的 PPT 内容，我最喜欢的是________同学的 PPT，理由是____。

活动三 了解身边人追求梦想的故事

知识链接

我校生命科学老师追求梦想的故事（采访篇）

做老师是我从小的梦想！记得小学时，我胆子小、几门功课的成绩不理想，但我从来没有放弃我的梦想。我从自身找问题，分析自己的强项和弱点。我发现我喜欢做数学题，于是我就通过自己平时多做题来提高数学成绩；语文成绩不够理想的原因是平时看书、思考问题的时间比较少，所以我就要求自己有空就多看书、多思考、分析书中问题，以此来提升自己的文学素养；我还要求自己平时多参加学校里的各类活动，提高自己的综合能力。慢慢地我的成绩提高了，我的胆子也练大了，人也变自信了……我的座右铭是“有志者事竟成”，通过自己的努力我顺利地考入了重点高中，在读高中时虽然功课都很难，但我不怕苦，坚持自己的梦想，如愿进入了上海师范大学的生物系。记得大四时我们在天目山上跟着生物系教授辨认植物，一共辨认了 300 多种植物。最后教授把 100 种植物按顺序放在地上，让我们通过辨认它们各自的特征写出它们的科名和种名，我们最终都顺利通过了考试，获得了生物系本科的毕业证书。在我的求学生涯中就是我小时候的梦想一直激励着我战胜各种困难，直到最后实现了我的人生梦想。

探究活动

1. 成功的要素。

我的分析是____

____。

同学的分析是______________________________

______________________________。

2. 梦想的支撑点。

我自己的优点是______________________________

______________________________。

我需要加强的地方是______________________________

______________________________。

3. 相互展示自己的梦想。

我的形式和内容是____

____。

同学的形式和内容是____

____。

4. 相互评价。

我认为______________________________

____

____

____

____。

同学认为____

____。

活动四　我们的梦想

知识链接

中国梦

中国梦是中国共产党第十八次全国代表大会召开以来，习近平总书记所提出的重要指导思想和重要执政理念，正式提出于2012年11月29日。习总书记把“中国梦”定义为“实现中华民族伟大复兴，就是中华民族近代以来最伟大梦想”，并且表示这个梦“一定能实现”。“中国梦”的核心目标也可以概括为“两个一百年”的目标，也就是：到2021年中国共产党成立100周年和2049年中华人民共和国成立100周年时，逐步并最终顺利实现中华民族的伟大复兴，具体表现是国家富强、民族振兴、人民幸福，实现途径是走中国特色社会主义道路、坚持中国特色社会主义理论体系、弘扬民族精神、凝聚中国力量，实施手段是政治、经济、文化、社会、生态文明五位一体建设。

探究活动

我的照片

1. 我的梦是____

____

____。

2. 我的梦跟中国梦的联系是____________________________________

____

____。

3. 同学对我的梦点评是____

____。

同学的照片

4. __________同学的梦是____

____。

5. 他（她）的梦跟中国梦的联系是____

____。

6. 我对同学的梦点评是____

____。

7. 在学校、家庭的帮助下，分析追梦过程中的不利因素。

我遇到的困难（主观、客观）是____

____。

我解决的方法（主观、客观）是____

____。

同学遇到的困难（主观、客观）是____

____。

他（她）解决的方法（主观、客观）是____

____。

活动五　分享追梦故事

知识链接

梦　想

梦想，是对未来的一种期望，是指在现在想未来的事或是可以达到但必须努力才可以达到的情况。梦想就是一种让你感到坚持就是幸福的东西，甚至其可以视为一种信仰。

每个人都有理想和追求，都有自己的梦想。对于大家都在讨论的中国梦，我认为这个梦想，凝聚了几代中国人的夙愿，体现了中华民族和中国人民的整体利益，是每一个中华儿女的共同期盼。历史告诉我们，每个人的前途命运都与国家和民族的前途命运紧密相连。国家好，民族好，大家才会好。

探究活动

1. 分享梦想的故事。

请你谈谈古今中外人们实现梦想的事例。

● 我____

____；

同学____

____。

● 我认为，追求梦想最需要的精神是______________（用一个词来形容）；

我同学认为最需要的精神是____

____。

2. 梦想舞台放光彩。

● 我通过________________（唱歌、朗诵、舞台剧）形式来分享我的追梦故事。我的故事是____。

我成功的原因是____。

同学对我的追梦故事点评是____。

● ________同学通过________形式来分享他（她）的追梦故事。他（她）的故事是____。

他（她）成功的原因是____。

我对同学的追梦故事点评是____。

● 通过这次活动，我小结出讲好故事的一般要求是____。

活动评价表

评　价　内　容	自评	互评	师评
活动一			
能认真查阅资料			
能认真做好资料的记录			
能对附近一些医生进行采访			
能做好采访的记录			
能写好活动中的“我的理由”			
活动二			
收集的资料符合要求			
能从中医名家追梦故事中感受到精神			
能激励自己更好的成长			
能认真完成 PPT 的制作			
能做好总结，展示自我			
能积极参加小组交流			
活动三			
能从身边人追梦故事中总结成功要素			
能从自我出发总结优点和努力的方向			
能通过各种形式充分展示自己的梦想			
能相互评价、相互促进追梦的脚步			

（续表）

评　价　内　容	自评	互评	师评
活动四			
能说出我的梦			
能说出我的梦跟中国梦的联系			
能对同学的梦进行点评			
能说出在追梦过程中遇到的困难			
能说出解决困难的方法			
活动五			
能说出一个古今中外人们实现梦想的事例			
能用一个词来形容追梦最需要的精神			
能用一种形式来分享我的追梦故事			
能说出成功的原因			
能通过本次活动小结出讲好故事的一般要求			

评价等第：优秀、良好、一般

（本单元编写者：卫佳琴、肖叶萍、王群）

第四单元

收获梦想

项目一　收获果实

一、学习目标

1. 正确采摘百草园内成熟的中草药；
2. 学会对中草药进行正确分类；
3. 初步知道一些中草药加工、存放的方法；
4. 初步知道一些中草药饮料的制作方法；
5. 掌握某一种中草药的种植全过程。

二、评价证据

1. 能够根据不同中草药的特性，进行正确采摘；
2. 能够根据不同中草药的药性药理，进行正确分类；
3. 能够根据不同中草药的特性，进行正确加工、存放；
4. 能够制作至少一种中草药饮料；
5. 能用文字或图画呈现一种中草药的种植全过程。

三、学习活动

1. 开展如何正确采摘中草药的交流会；
2. 组织中草药分类的比赛；
3. 组织中草药加工和存放的活动；
4. 中草药饮料制作活动；
5. 用文字或图画呈现中草药的种植全过程。

活动一 正确采摘中草药

知识链接

中草药正确采收方法

中草药的合理采收（季节、时间、方法）不仅可以保证药材的质量、药效，而且还对保护、扩大药源具有重要意义。采收适时如法，则药性强、疗效高；反之，则药性弱、疗效差。如麻黄含生物碱之量以8～9月为高，故采集宜于8～9月；天麻以冬季茎花未出土时采集之冬麻质重效佳，花茎出土所采之春麻次之。

根和根茎为植物的储藏器官，在地上部分开始生长时，往往会消耗根中储藏的养分，故宜在植物生长停止、花叶萎谢的休眠期，或春季发芽之前采收。果实类中药材多在自然成熟或将近成熟时采收较好。叶类和全草类应在植物生长最旺盛时，或在花蕾将开放时，或在花盛开而果实种子尚未成熟时采收。花类药材采收通常在花朵开放或含苞待放之时。

探究活动

1. 为了正确采摘百草园内的中草药，我和小组同学进行了分工，查阅了一些资料，将百草园中常见的中草药按照药用部位进行分类。

（1）根和根茎类有________________________；

（2）果皮和种子类有________________________；

（3）叶类和全草类有________________________；

（4）花类有________________________。

2. 我们通过查阅资料了解到根及根茎类入药的中草药最适宜的采收期，如下。

（1）早春采收：甘草、赤芍、________、________等；

（2）夏季采收：川乌、太子参、________、________等；

（3）秋季采收：黄芪、黄连、________、________等；

（4）冬季采收：大黄、何首乌、________、________等。

3. 根据收集的资料，我们小组的组员分别对黄连、胖大海、紫苏叶和丁香进行采摘，组员们的心得体会如下（嗅觉、味觉等方面）。

示例：黄连　苦，寒，无毒。

____

____

4. 我们观看了专业人员采摘中草药的视频，开展了如何正确采摘中草药（使用工具、中草药的处置等方面）的分析交流会。会议记录如下。

____

____

____

____

____

5. 从丁香、辛夷、玫瑰、槐米、月季、金银花等花类中草药中选取一种或自选一种中草药名称，在左边方框内贴上相应的图片并写出它最适宜的采收期。

中草药名称：________________

所属科目：________________

何时采收：________________

选择此药材的理由：________________

____

活动二 对中草药进行分类

中草药的种类很多，根据近年的初步统计，总数在 8000 种左右，常用中草药亦有 700 种左右。如此繁多的种类必须按照一定的系统分门别类，才便于学习、研究和应用。药物分类的方法是根据人们对于药物认识的逐渐深化而不断发展的。

知识链接

中草药的分类方法

传统的分类方法，概括起来可分为药性分类法和自然分类法两大系统。

药性分类法，是根据中药药性、功效等特性进行分类的方法。因为它有利于医家掌握药物性能，故为历代医家所习用。性能是药物有别于其他物质的最大特性，因此大多数本草书籍的分类，都少不了用它来进行归纳。这也是多数按自然属性分类的本草书籍，仍保留了上、中、下三品分类法的原因。

自然分类法，是根据药物的自然属性对其进行分类的方法。早在《周礼》中就有“五药”之说，虽然汉代郑玄注为“五药，草、木、虫、石、谷”，但没有具体药物的归属。因此按自然属性分类的方法，仍应视为陶弘景所首创。

随着现代科学技术的传入，中药新兴学科的建立，一些现代科学的分类方法也被引进中草药的分类，如功效分类、药用部位分类、植物学分类、动物学分类、矿物学分类、化学成分分类等。

探究活动

1. 我和________、________、________同学选择了解________、________、________这三本药学古籍中的分类。

2. 小组组员间分别介绍从古籍中学来的分类方法，内容如下。

____

____

____

3.《本草纲目》是由明朝伟大的医药学家李时珍为修改古代医书中的错误而编，他以毕生精力，亲历实践，广收博采，对本草学进行了全面的整理总结，历时 27 年编成。我们小组搜集了李时珍这位杰出医药学家的事迹或小故事，并思考了《本草纲目》这部闻名中外的药物大辞典对后世医学产生的意义，其内容主要是____

____

____

____。

4. 我们小组思考了《本草纲目》这部药物大辞典对后世医学产生的意义，各个组员思考的结果的相同和不相同的地方如下。

____

____

____

5. 我们小组通过查阅资料，总结出《神农本草经》(中国中医药出版社，上海图书馆综合阅览室）中把当时常用的365种药物按照毒性强弱和用药目的不同分成上、中、下三品，上品是________，中品是__________，下品是__________。这种分类方法简单而粗糙，其中有些药物的分类也不一定恰当。但当时，可能在避免因用错药物而中毒的问题上是起到了一定作用的。

梁代陶弘景编《本草经集注》(上海图书馆综合阅览室）时，增药365种，分为______________________六类，每类又各分上、中、下三品，这是根据药物自然属性进行分类的开端，但仍较粗糙。

直到明代李时珍编《本草纲目》(上海图书馆综合阅览室）一书，分类方法始有重大的发展。他采用了根据以前本草的分类方法略加修改，把药物分为______________________________________外，又把各部的药物按照其生态及性质分为六十类。

6. 现代记载中草药的教科书，如《中药学》(高学敏主编，中国中医药出版社）中所采用的分类方法，根据其目的与重点而有不同，主要有下列四种。

（1）按药物功能分类：______________________

（2）按药用部位分类：______________________

（3）按有效成分分类：______________________

（4）按自然属性和亲缘关系分类：______________

7. 中草药分类比赛。同学们分为三个小组，每组提供相同的几种药材，请按照现代教科书中所采用的分类方法对中草药进行分类。看谁分得又快速、又准确。

分得又快速、又准确的小组是______________________________________。

小组间互评分类的准确性。

____

____

活动三　中草药的加工与存放

知识链接

中草药的加工与储藏

（一）中草药材的加工

药材加工包括对药用植物或药用动物的产地初加工以及后续为了更适合使用而进行的炮制加工。产地加工是去除非药用部位和异物的第一道工序，而炮制的作用则是改变或缓和药物的性能，增强药物疗效，降低毒性，提高药材的纯净度等。

由于药用部位的不同，药用植物产地初加工的方法也有所差异。

1. 种子类药材的加工一般是果实采收后直接晒干、脱粒、收集。

2. 对于花类药材通常采摘后放置在通风处摊开阴干或低温下迅速烘干。

3. 对于根及地下茎类药材的加工一般须先洗净泥土，而后除去须根、芦头和残留枝叶等，再进行大小分级。

4. 全草类药材的加工采收后宜放在通风处阴干或晾干，尤其是含芳香挥发油类成分的药材，以避免有效成分损失。

（二）中草药材的储藏

药材是一种特殊的商品，一般有专门的储藏仓库。

1. 对于重点养护品种，如山药、党参、当归、黄芪等，这些商品容易虫蛀、霉变、泛油，应该选择建筑结构好、干燥、具有药熏条件设备的仓库。

2. 花类药材具有不同的色泽和芳香气味，容易霉变或褪色，储藏时要严格控制仓库的湿度。

3. 全草及地上部分品种，这些药材不容易变质，一般储藏在一般性仓库即可。

探究活动

1. 我们选择花类药材______、根及地下茎类药材______、全草类药材______进行加工与存放。

2. 我们通过______、______、______等途径收集以上各类药材的加工方法，整理如下。

（1）花类药材的加工方法：______

（2）根及地下茎类药材的加工方法：______

（3）全草类药材的加工方法：______

3. 我们通过动手操作，亲自实验，对三类药材进行初加工。将加工过程中出现的问题，同伴之间讨论后得到解决方案。根据方案操作后的心得生成实验记录。

药材加工实验记录

实验员：______

加工药材类型：______

加工方法：______

4. 以小组为单位，去嘉定区封浜星火草药加工厂进行采访，对工作人员如何进行中草药的加工、储藏等问题进行学习交流。

（1）我们通过现场感受，实地学习，制作 PPT，回校后交流分享。

（2）每个小组均设计出去工厂的路线，查找联系人电话，并咨询去工厂的安全注意事项，具体内容如下。

______

______

活动四　中草药饮料的制作

知识链接

中草药饮料的种类

中药保健饮料较早以药酒的形式出现，又称“酒剂”，在我国已有数千年的历史，目前中药保健饮料研制有茶、果汁饮料、固体饮料、奶制品等种类。

茶饮料种类较丰富，目前市场上除了以传统茶叶为主要原料生产的绿茶、红茶等茶饮料外，还出现了其他具有特殊风味和特定保健功能的药草茶饮料，如苦丁茶饮料、菊花茶等茶饮料。复合保健茶，就是将茶叶与其他有着保健功能的天然植物混合加工制作成具有多种保健作用的饮料。

中药果汁保健饮料多是将其中药新鲜药用部位如桑椹、五味子等打浆配制成中药汁饮料，或打浆后与水果汁复合配制成的果汁饮料，它不仅具有其功效成分而且还保留了营养成分。

探究活动

1. 我们小组成员通过__________的方法了解到平日里常见的中草药饮料有____________________________，这些中草药饮料里的有效成分有______________________________。

2. 凉茶是传统中草药植物性饮料的通称，是人们根据当地的气候、水土特征，在长期预防疾病与保健的过程中，以中医养生理论为指导，以中草药为原料，食用、总结出的一种具有清热解毒、生津止渴、祛火除湿等功效的饮料。

广东凉茶是中国传统凉茶文化的代表，为了对凉茶有进一步的了解，我们小组特组织成员一起寻找身边的广东人，并对其进行访谈。设计的广东凉茶访谈表如下。

广东凉茶访谈表

采访者	主访人姓名	采　访　记　录

3. 制作中草药饮料。

通过__________________途径，我们学习了制作__________________凉茶的方法，现整理如下。

我们准备制作的凉茶是：__________________

制作此款凉茶所需材料有：__________________

此款凉茶的功效为：__________________

凉茶制作过程：__________________

4. 小组之间互相品尝并交流心得体会。

____

____

____

____

活动五　中草药的种植全过程

知识链接

中草药种植流程图

- 1. 选种
  - a. 适宜本地区种植
  - b. 食、药两用
  - c. 便于管理、采集、加工、使用
- 2. 初期准备
  - a. 选地、平整土地
  - b. 初期追肥
  - c. 初期防治病虫害
- 3. 种植
  - a. 育种，育苗
  - b. 播种
  - c. 护苗，保证出苗
- 4. 田间管理
  - a. 中耕除草、间苗、定苗
  - b. 追肥、排灌水
  - c. 防治病虫害
- 5. 采集、加工
  - a. 采集时间
  - b. 采集方法
  - c. 初级加工，后期加工

探究活动

1. 我和小组同学通过对上面中草药种植流程图的学习，知道了中草药种植的一般过程总共分为________步，这些步骤分别是________________。

2. 我们小组对中草药种植每一阶段要注意的关键点进行了梳理（从柴胡、益母草、黄芪、远志四种中草药中选择一种）。

（1）所选药材：__________

（2）选地标准：__________

（3）初期如何追肥：__________

（4）初期如何防治病虫害：__________

（5）何时播种：__________

（6）如何播种：__________

（7）间苗、补苗的方法：__________

（8）中耕、除草的重点：__________

____

（9）追肥浇水的注意事项：__________

（10）采集时间：__________

（11）采集方法：__________

（12）初加工与后期加工：__________

3. 我们小组各个成员均为种植的中草药写观察日记，并进行小组交流，感受每阶段中草药的变化和自己的不足与收获，内容如下。

____

____

____

4. 我们小组将上述种植各阶段的注意事项，结合中草药种植的观察日记，用文字或图画的形式呈现出中草药的种植全过程。

____

____

____

活动评价表

评　价　内　容	自评	互评	师评
活动一			
查阅时及时做记录			
查阅资料后及时归还			
询问老师时礼貌，态度积极诚恳			
筛选和整理资料时考虑各种因素			
能对中草药按照药用部分进行分类			
能够查找资料了解中药材的采收期			
能够正确采摘中草药			
心得分析交流会有收获			
贴图总结认真准确			
活动二			
能够利用各种资源找到医学古籍			
能从医学古籍中学到分类方法			
对医药学家李时珍有一定的了解			
对《本草纲目》的意义有想法			
认真积极参加比赛			
能从现代教科书中学到分类方法			
中草药分类比赛积极参与			
活动三			
了解不同种类药材的加工方法			
实验记录清晰明了			
探究小组按时完成实验报告			
实验报告内容详细且具有可操作性			

（续表）

评　价　内　容	自评	互评	师评
积极参加采访，态度诚恳			
能够根据采访目的设置采访问题			
能够根据现场感受、实地学习，制作 PPT			
小组能够合作设计去工厂的路线			
通过自己的能力找到联系人的方式			
能够咨询出在工厂时的安全注意事项			
小组分享交流有效果			
活动四			
了解几种中草药饮料及其有效成分			
能根据访谈目的，较全面、合理、充分地提出问题			
设计的问题具有针对性，备选的答案全面、完整			
学会凉茶制作方法			
能够收集到制作凉茶的材料			
知道所做凉茶的功效			
对制作过程中出现的问题能进行总结或反思			
活动五			
了解草药种植全过程			
对柴胡、益母草等中草药的选地标准有所了解			
对于中草药初期如何防治病虫害有简单了解			
对选择的中草药关键点梳理完整			
清楚中耕、除草的重点			
观察日记书写认真			
能用文字或图画呈现中草药种植全过程			

评价等第：优秀、良好、一般

项目二　收获梦想

一、学习目标

1. 依据中医典故，编写中医小故事；

2. 知道嘉定名医朱春霆，深刻感受中医名家的魅力；

3. 准确辨识中医药草，并能简单介绍其药用；

4. 初步了解一些中医养生的方法。

5. 知道一些利用中医知识提升生活质量的方法。

二、评价证据

1. 能写出完整的中医小故事；

2. 能说出或者演出相关人物的主要事迹；

3. 能在各种图片中准确并快速识别出各种中医药草，获得一定的中医药知识，并能简单介绍其药用；

4. 能整理常用的中医养生方法；

5. 能简单掌握运用中医养生知识提升生活质量的方法。

三、学习活动

1. 用中医典故编写故事；

2. 自编中医名家的剧本并演出；

3. 开展辨识中草药知识大比拼活动；

4. 学习中医养生知识，组织中医养生竞赛活动；

5. 中医养生知识提升生活质量调研及交流活动。

活动一 编写中医名家故事

知识链接

典　故

典故原指旧制、旧例，也是汉代掌管礼乐制度等史实者的官名，后来延伸出一种常见的意义是指关于历史人物、典章制度等的故事或传说。“典故”这个名称由来已久，最早可追溯到汉朝，《后汉书·东平宪王苍传》：“亲屈至尊，降礼下臣，每赐宴见，辄兴席改容，中宫亲拜，事过典故。”

探究活动

1. 我和________、________、________同学组成讨论小组，查阅关于上海地区的中医名家典故。上海地区的中医名家有________、________；嘉定中医名家有________、________，其中________是外冈名医。

2. 我查阅的资料名称是____________________。

3. 这些资料来自____________（图书馆、博物馆、教师、家长等）。

4. 我们小组依据所查阅的中医典故，编写中医故事，具体如下。

5. 四人一组交流故事。四人一组，全班共有______组。

6. 我们小组推荐________________同学编写的__________________，理由是______________
____
____
____。

7. 全班交流结果。最佳故事是________同学的______________________________故事，理由是
____
____。

8. 中医用药是有讲究的，比如，一服中药里面有时候用“甘草”，有时候用“炙甘草”；有时候用“生地”，有时候用“熟地”。这里的“炙甘草”和“熟地”分别是经过加工的“甘草”和“生地”。在我们的学习中，也遇到有类似的情况。

如在作文中，我们有时候用原始材料进行写作，此时“原始材料”即相当于未加工的“甘草”或“生地”；有时候，我们写作时会对原材料进行一定的加工，此时就相当于“炙甘草”或“熟地”。

我将“甘草”或“生地”加工成“炙甘草”或“熟地”的例子是____________________________
____
____
____
____
____
____。

活动二　编演课本剧

知识链接

朱春霆

朱春霆（1906—1990），字维震，江苏嘉定人，黄墙朱氏中医六世医。其父芝孙精于中医内、外科，饮誉淞沪。业务鼎盛，声誉卓然。曾运用一指禅功治愈名画家吴昌硕半身不遂顽症，吴挥毫泼墨作《秋菊图》一帧谢赠，一时传为杏林佳话。

探究活动

1. 根据资料填写相关信息。

姓　名		出 生 地	
别　名		出生日期	
民　族		爱　　好	

2. 这些资料来自________________（图书馆、博物馆、教师、家长、同学等）。

3. 我通过__________（方式）观看了电影《杏林出暖——上海名医荟萃》，时间是__________，观看后我最深刻的感受是________________________________。

4. 根据影片中的片段编写课本剧（内容包括主角、配角、故事情节等）。

____

____

____

____

5. 四人一组，交流剧本。我们小组评出最满意的一个剧本是__________同学的________________（剧本名称）。

6. 出演课本剧。我出演的剧本是__________；同学出演的剧本是__________。该剧的主人公是__________，表演者是________________________________。

7. 评价。你认为本次表演成功吗？请说明理由。（提示：从台词、表演动作、默契、观众兴趣等方面评价）

____

____

____

____

____

____

____

知识链接

课本剧

戏剧是一种综合性的舞台艺术，剧本是舞台演出的依据和课本剧基础。要想把课文中叙事性的内容改编为课本剧，首先要懂得剧本的特点，然后才能根据其特点编出符合要求的课本剧。编写课本剧必须突出体现剧本的三个方面的特点，即空间和时间要高度集中；反映现实生活的矛盾要尖锐突出；剧本的语言要表现人物性。

活动三　我是“百草”小达人

知识链接

百　草

百草是虚指，并没有特指数量，它指各种草类，亦指各种花木。《庄子·杂篇·庚桑楚》：“夫春气发而百草生，正得秋而万宝成。”汉代王充《论衡·幸偶》：“夫百草之类，皆有补益，遭医人采掇，成为良药。”南朝梁江淹《杂体诗·王微》：“寂历百草晦，欻吸鹍鸡悲。”唐代杜甫《自京赴奉先县咏怀五百字》：“岁暮百草零，疾风高冈裂。”宋代苏轼《苏州闾丘江君二家雨中饮酒》诗之二：“曾把四弦娱白傅，敢将百草斗吴王。”

探究活动

1. 画出（粘贴）已经收获的药草或果实等图片。

2. 给图片上的药草或果实归类（写名称）。

藤本类：________________

灌木类：________________

草本类：________________

3. 对全班同学的药草或果实分类进行调查。

三类（藤本类、灌木类、草本类）分类全部正确的同学有________________

________________。

三类（藤本类、灌木类、草本类）中分类两组正确的同学有________位。

三类（藤本类、灌木类、草本类）中分类一组正确的同学有________位。

三类（藤本类、灌木类、草本类）中全部分错的同学有________位。

4. 班长组织各组的胜出选手进行最后的比拼。先选出各组中一分钟内认出最多药草或果实的同学进行比赛，最终选出胜出者，并颁发“百草小达人之星”奖状。

5. 谈谈活动收获。通过本次活动，你最大的收获是什么？

____

____

____

____

____

活动四　中医养生我最懂

知识链接

中医养生

中医养生，就是指通过各种方法颐养生命、增强体质、预防疾病，从而达到延年益寿目的的一种医事活动。中医养生重在整体性和系统性，目的是预防疾病，治未病。中医理论的著名代表作品是《黄帝内经》。

四时养生

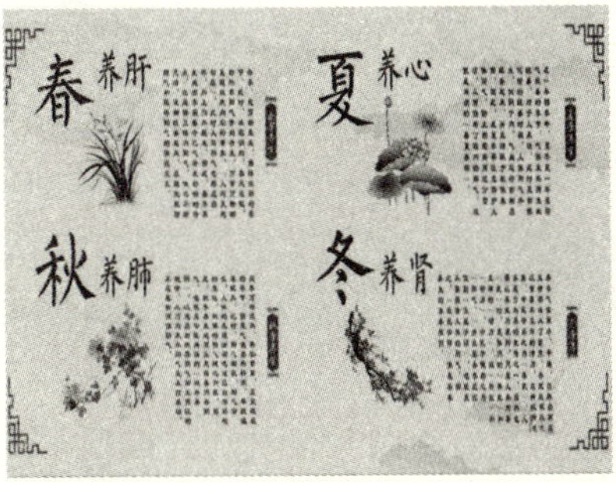

四时养生，是将多种养生方法同自然变化及人体阴阳变化结合起来，按自然界四时六令规律及人体生理活动规律，来设计、选择不同的养生方法，制定不同的养生原则。岐伯曰："星辰者，所以制日月之行也。八正者，所以候八风之虚邪，以时至者也。四时者，所以分春秋冬夏之气所在，以时调之也，八正之虚邪而避之勿犯也。"

探究活动

1. 通过查阅中医养生知识资料，我获取的养生知识有：______________________

____

____

____

____

____

____

2. 我获取养生知识的途径是：__________（图书馆、博物馆、教师、家长等）。

3. 我特别请教了本校教师__________，请教的内容是____。

4. 开展中医养生知识竞赛。

（1）设计一份中医名家知识竞赛题目。我设计的题目如下。

（2）四人一组，参考每人制定的竞赛题，整合成一份正式竞赛题，内容如下。

（3）知识竞赛。在全班选出一份综合的竞赛题，然后全班参与竞赛。最终选取了__________小组的考卷。

（4）参赛人员统一笔试，取前六名进入决赛。这六人分别是__________、__________、__________、__________、__________、__________。决赛后，最终的冠军是__________。

（5）冠军的获奖感言如下。

____

____

5. 课外活动。__________同学和__________同学一起到外冈镇社区图书馆阅读中医养生杂志（如《中医健康养生》），图书馆的具体地址是______________________________，阅读的书有______________________________，在所有阅读的文章中，爷爷奶奶最喜欢的文章题目是__________，作者是__________，主要内容是______________________________。他们感兴趣的理由是____。

我的阅读收获如下。

____

____

____

活动五 运用中医养生知识，提升生活质量

知识链接

品质生活

品质生活表示人们日常生活的品位和质量，包括经济生活品质、文化生活品质、政治生活品质、社会生活品质、环境生活品质“五大品质”。追求生活品质的提升，不仅体现了对物质生活质量的追求，更重要的是体现了个人对美好幸福的精神生活的追求，品质生活又可以分为精神品质生活和物质品质生活。

探究活动

1. 采访身边老师和社区老人，了解生活中会运用哪些中医养生知识提升生活质量。

采访者	被采访者	运用中医养生的方法

2. 根据采访内容，整理出有效的养生方法。我认为对当下生活最有帮助的三条是________________；________________；________________。

3. 全班开展“日常生活中的中医养生”主题交流活动。

（1）分享中医养生学习心得。我的学习心得如下。

____

____

（2）我比较赞赏__________同学的养生心得，理由是______________________

____。

4. 教大家一些中医养生推拿手法。

（1）在对应的图片下方写出下列推拿手法的名称。

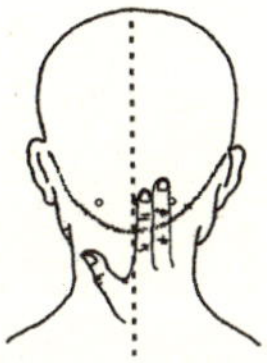

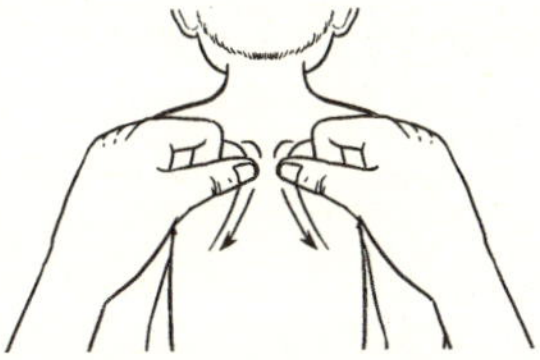

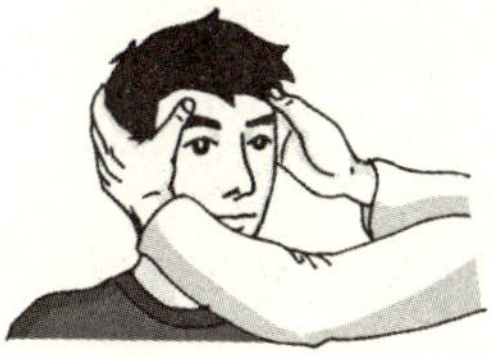

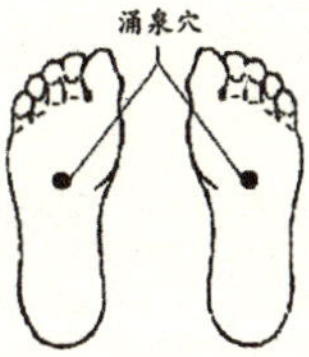

________ ________ ________ ________ ________

（2）小组交流讨论，并且在对应的图片上找出穴道的准确位置。

（3）向家人或同学推荐一个养生按摩穴道并介绍其好处。

我推荐的穴道是__________，理由是______________________________

____。

知识链接

按　摩

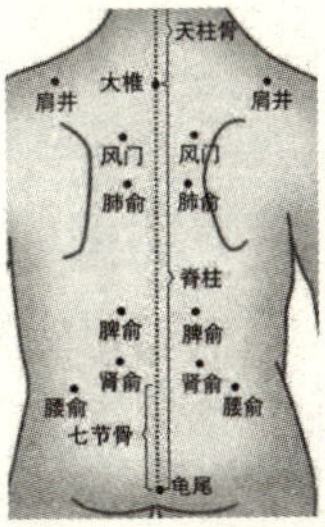

按摩是以中医的脏腑、经络学说为理论基础，并结合西医的解剖和病理诊断，而用手法作用于人体体表的特定部位以调节机体生理、病理状况，达到理疗目的的方法。从性质上来说，按摩是一种物理的治疗方法。

活动评价表

评　价　内　容	自评	互评	师评
活动一			
通过阅读，了解何为典故			
能参加小组学习，了解一些嘉定名医			
能明确资料的来源			
查阅资料后及时归还			
能依据典故，编写故事			
小组交流故事			
小组能推荐出优秀的故事			
能在日常学习中，悟出类似中医用药的道理			
活动二			
通过活动，了解什么是课本剧			
通过资料阅读，了解嘉定名医朱春霆			
正确填写朱春霆信息的表格			
明确名医朱春霆的资料来源			
观看名医电影			
根据影片中的片段编写课本剧			
小组交流课本剧			
小组内推选出最优秀的课本剧			
能成功表演课本剧			
能写出成功或不成功的理由			
活动三			
通过阅读，了解何为百草			
能画出或者粘贴已搜集的药草或果实图片			
能顺利给图片上的药草或果实分类			
能正确统计出班级内分类情况			
通过比赛，明确最后的胜出者			
能和同学一起去阅读养生杂志			

（续表）

评　价　内　容	自评	互评	师评
能写出自己的阅读收获			
能谈出“百草小达人之星”的活动收获			
活动四			
通过阅读，了解何为中医养生			
通过阅读，了解何为四时养生			
查阅资料，能获得一定的养生知识			
能明确获取养生知识的来源途径			
获取知识时，积极请教本校教师			
请教本校教师并有收获			
自己能设计出一份养生知识竞赛题			
小组内确定一份养生知识竞赛题			
全班选出一份养生知识竞赛题			
班级里所有人员参与竞赛			
竞赛后选出进入决赛的人			
活动五			
积极参加“中医养生”课外活动			
参加“中医养生”课外活动并获得收获			
能写出自己的活动收获			
能顺利采访身边的三位老人			
通过采访的内容，归纳出三条养生的方法			
能在班级有效分享所学养生知识			
能从别人的分享中获得一定的知识			
了解简单的穴道名称			
知道一些穴道的准确位置			
能向身边人推荐一个中医按摩穴道			
能具体说清楚按摩推荐穴道的好处			

评价等第：优秀、良好、一般

（本单元编写者：胡曼曼、刘力嘉）

第五单元

传播梦想

项目一　百草寄语

一、学习目标

1. 知道如何制作香囊；
2. 学会用扦插制作盆栽小礼品；
3. 学会制作百草贴画；
4. 知道如何绘制百草宣传手册；
5. 学会用数字故事记录实践成果；
6. 知道中医科幻画创意的表现方法。

二、评价证据

1. 能说出制作香囊的常用中药材，会制作简单的香囊；
2. 能说出扦插繁殖植物的要点；
3. 能够合理利用百草的花、叶制作装饰贴画，如叶脉贴画；
4. 能用绘画的形式表现百草的千姿百态，尝试制作百草的宣传手册；
5. 能制作图文并茂的数字故事，有内容，有想法；
6. 能够运用绘画的语言表现中医科幻画。

三、学习活动

1. 制作香囊；
2. 用扦插的方法制作盆栽小礼品；
3. 制作百草贴画；
4. 观察并绘制百草宣传手册；
5. 设计制作数字故事；
6. 绘制中医科幻画。

活动一 制作香囊

知识链接

中国香囊文化

香囊最初是由佩囊发展而来的。佩囊是古人用来盛放零星细物的小布兜。古人衣服上没有口袋，一些随身携带的必需品，如印章、凭证、钥匙、手巾、钱币、珠宝等，多储放于这种囊内，外出时则将其佩于腰间，故谓之“佩囊”，又称“荷囊”。香囊即属于佩囊的一种，因囊中盛放香料而得名，又称香包、香缨、香袋、香球、佩帏、荷包等。

从文献记载来看，古人佩戴香囊的历史可以追溯到商周时期。据《礼记·内则》记载：“男女未冠笄者，鸡初鸣，咸盥漱、栉縰、拂髦、总角衿缨，皆佩容臭（xiù）。”东汉郑玄注曰：“容臭，香物也。以缨佩之，为迫尊者，给小使也。”大意是说未成年的男女拜见父母长辈时要佩戴香囊以示敬意。这里提到的“容臭”，大概就是最早形态的香囊了。

“香”字按照训诂学的解析，上面是表示禾苗的“禾”，下面是表示太阳的“日”。因此“香”字的涵义就是万物生长靠太阳，它代表了生命和活力。香是香包和“香道”的魂之所在。

布艺手工必备缝针法

1. 平针缝：最简单也是最常见的，由布片表面入针，往前约 0.5 厘米处出针，以此类推往后进行。

平针缝

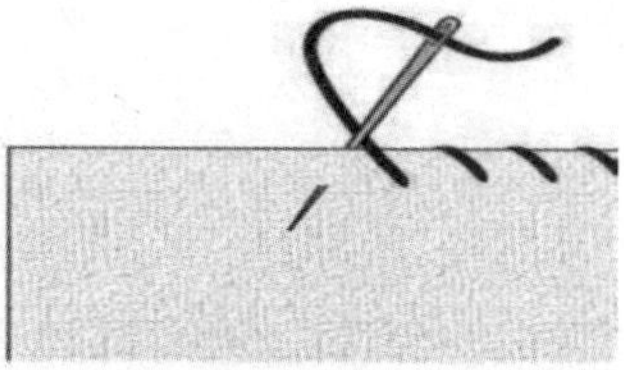

锁边缝

2. 锁边缝：这种方法一般用来缝制织物的毛边，以防织物的毛边散开。

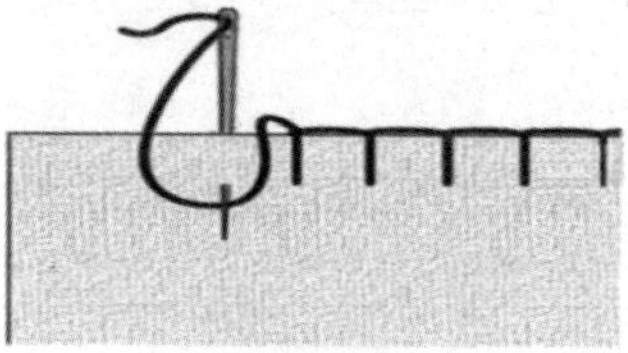

包边缝

3. 包边缝：简单且实用，能起到很好的装饰作用。

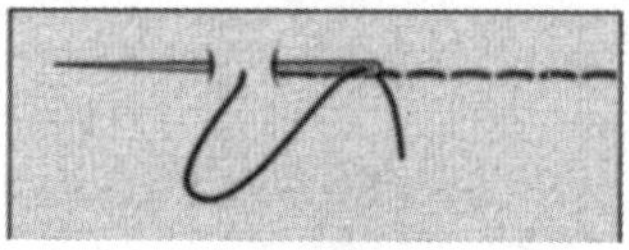

缩缝

4. 缩缝：用于缝制缩口，简单来说就是类似于平针缝然后拉出自己想要的松紧度。

5. 藏针缝：也叫贴布缝，用于将一块布缝在另一块布上，或用于滚边条的缝合，这是很实用的一种针法，能够隐匿线迹，常用于不易在反面缝合的区域。

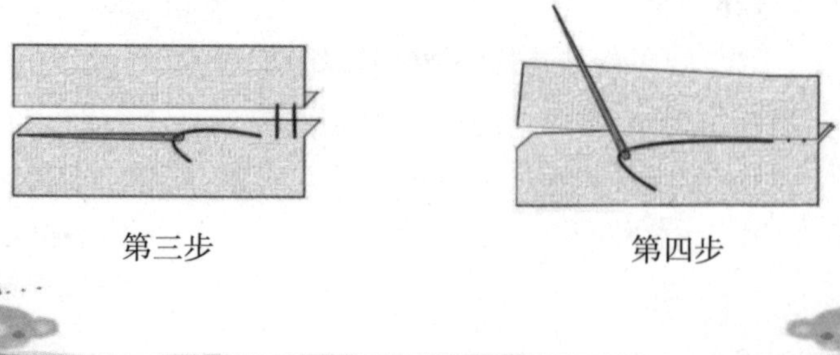

第一步　第二步

第三步　第四步

探究活动

几种常见的香囊形状

1. 根据香囊图片，我们猜测制作香囊可能需要的材料有____。

2. 我和____________、____________、____________同学组成小组，我们准备制作一个__________形状的香囊。

3. 我们用到的材料有____。

4. 我们制作香囊的步骤如下。

第一步：______________________________

第二步：______________________________

第三步：______________________________

第四步：______________________________

5. 在缝制过程中，我们用到的针法________________________________。
我们选择这几种针法的理由是________________________________
____。

6. 我们的作品如图所示。（呈现方式：照片或直接画在框内）

7. 对我们的作品点赞的同学有________________________________
____。
点赞语有____
____。

活动二 扦插盆栽小礼品

知识链接

什么是扦插？

扦插繁殖也就是植物从截断的枝条上再生的方式，你可以理解成植物的克隆，这是为了适应大自然复杂的环境，而衍生出的能力。

扦插也分很多种，最常见的有嫩枝扦插、绿枝扦插、硬枝扦插、根扦插、叶扦插等。

嫩枝扦插：就是用植物最嫩的位置的枝条扦插，一般适用于木本植物，而且最好是在春季进行，因为这样在冬天到来之前就可以完成植物的定植了。

嫩枝扦插、绿枝扦插、硬枝扦插这三种扦插方式的优点和缺点就是此消彼长的关系，它们采取扦插枝条的时间不一样，而枝条的各方面性质也在变化，根据自己的需要选择。一般硬枝营养储备比较充足，更容易成活，但是生根比较慢。

根扦插：一般适用于那些根部可以长出不定芽的植物，比如球花报春、银莲花等。最易理解最常见的可能就是家中土豆、红薯的发芽。根扦插的方法就是截取肉质根直接垂直埋进土壤中即可。

叶扦插：很多盆栽植物适合叶扦插，比如常见的虎皮兰、非洲堇等，它们的叶片都是肉质的，可以储存水分和营养。叶扦插最重要的一点就是插条营养的补给，叶扦插的方式也比较简单，可以选用有叶柄的叶片埋入营养基质等待生根，也可以将叶片进行切割然后部分插入营养基质等待生根。

总之，扦插繁殖是一种高效率的繁殖方式，不仅生根快，而且完全保留植物的特性。

扦插育苗可以使用哪些介质？

扦插介质通常就是我们在扦插过程中所使用的土壤，要求具有较强的透气、透水性，但同时又具有一定的保水能力，干净而不含养分。合适的扦插介质对扦插活动能否成功往往起着重要的作用。我们进行扦插育苗通常使用珍珠岩、蛭石、培养土等介质。

珍珠岩（见下图）：通常是碳酸铝火山岩的粉碎石在经过岩浆的高温加热，水分蒸发之后逐渐形成的颗粒物。所以，珍珠岩上面附有大量的气孔，这些气孔让其具有了极强的透气性和良好的通透性。更重要的是其不含养分，所以经常被使用于扦插繁育小苗。不过，这种介质也存在缺点，就是在刚采掘回来时，其中含有少量的氟。所以在使用之前，一般需要用清水将其冲洗干净。

蛭石：通常是由类云母经过高温加热膨胀后逐渐形成的一种物质。无论其透水性，还是保水保肥能力，都非常好，非常适用于家庭盆栽种养过程中幼苗的扦插繁殖。

培养土：并非一般的土壤，而是由泥炭土、珍珠岩、蛭石按照对等比搭配制作而成的混合介质。一般可以直接将其用于小型盆栽花卉植物的扦插育苗。

当然，除了这些还有很多也可以用于扦插的介质，例如沙、水、普通土壤等，这些需要大家慢慢尝试，找到适合自己植物的最佳介质。

探究活动

1. 我和________、________、________同学组成小组，准备制作一个________（植物名称）的小盆栽。

2. 我们准备采用________扦插方法（如嫩枝扦插、绿枝扦插、硬枝扦插、根扦插、叶扦插），简单说说理由。

____

____

3. 扦插前，我们________（有 / 没有）对植物伤口进行处理，如有，我们的处理方法如下。

____

____

我们认为需要处理伤口的理由或者好处如下。

____

____

这些知识的获取途径是（多选）：

□ 查阅资料　　□ 听种植行家介绍　　□ 小组讨论分析　　□ 其他

4. 我们准备选用________（花盆）来扦插，将我们心仪的花盆画在右侧方框内。选择这样的花盆理由是____（可以从花盆的颜色、材质、大小等方面入手）。

5. 我们准备用__________（介质）来扦插植物，可以根据知识链接处的扦插介质的介绍来说明理由。

____

____

____

6. 我们的具体操作步骤如下。

第一步：____

第二步：____

第三步：____

最　后：____

7. 扦插完成后，我们制作了小卡片来说明植物名称及养护要点，具体内容如下。

____

____

____

____

8. 我们做好的盆栽小礼品照片如图所示。

	我们小组四人对这个盆栽小礼品的喜欢程度（在☆中涂上颜色，用涂星数量表示喜欢程度，即涂满五颗星表示最喜欢）： __________同学☆☆☆☆☆ __________同学☆☆☆☆☆ __________同学☆☆☆☆☆ __________同学☆☆☆☆☆

活动三 制作贴画

知识链接

（一）百草贴画

植物的叶子由叶脉、叶片、叶柄组成。叶子的形态，就像人的长相一样各不相同，世界上找不出两片完全相同的叶子。它们有各种各样的形状，如鳞形、披针形、楔形、卵形、圆形、镰形、菱形、匙形、扇形、提琴形、肾形等。叶子不光形状不同，各种形状的边缘也不同，叶子的边缘称叶裂。

探究活动

1. 搜集百草园里掉落的叶子、花、种子、果壳，观察它们的形态特征，我们有如下发现。

示例：银杏叶呈扇形。

____

____

2. 叶子由叶脉、叶片、叶柄组成，我搜集的叶子的形状有__________形、__________形、__________形、__________形。

3. 我和________、________、________同学组成一个小组，________同学担任组长，我们进行贴画设计，并将草图画于下框。

设计的基本步骤：

第一步：勾画草图；

第二步：选择树叶，剪裁加工；

第三步：粘贴制作，完成作品。

第一步

第二步

第三步

温馨提示：

在老师提供的“材料站”里选择双面胶、透明胶、铅笔、剪刀等工具；

可以对植物叶片进行精选、修剪、染色；也可对它进行加工，如在树叶上进行剪刻、镂空，与底版构成别具一格的贴画。

4. 我们设计好的贴画呈现在框内：

5. 小组代表展示作品并做介绍，我们设计作品的内涵如下（可从主题、色彩搭配、构图等方面入手）。

6. 选一幅同伴的作品，说出其值得欣赏的地方，并说明理由。

知识链接

（二）叶脉贴画

叶脉（Leaf Veins）是由不含叶绿素的薄壁组织、厚角细胞等支持组织包围维管束所形成的沿叶背轴侧凸出的肋条，可与叶肉区别。它的排列形式称为脉序。叶脉的组织构成是形形色色的，如在网状脉的主脉、侧脉和平行脉的纵脉等粗脉等。

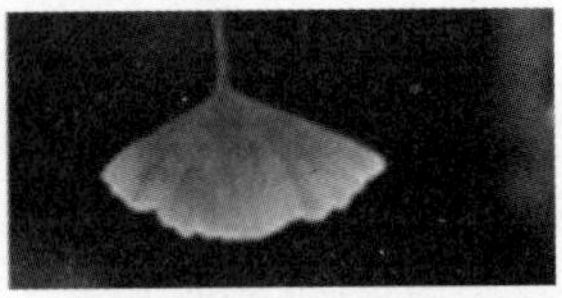

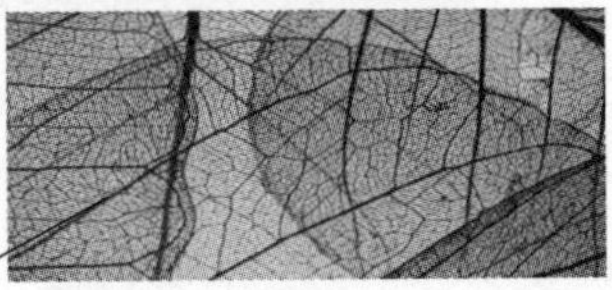

网状叶

探究活动

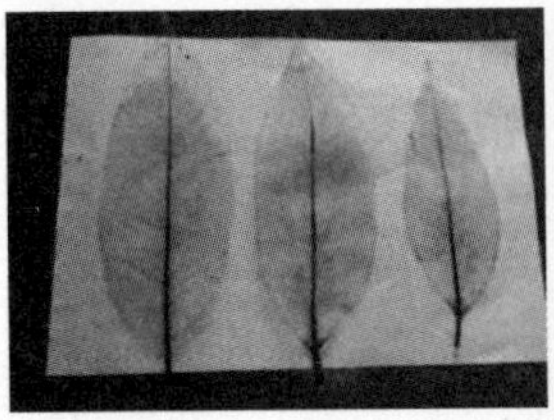

7. 在采集的叶子里选择叶脉粗壮而细密的叶片，如桂花树叶、广玉兰叶等质地较坚韧的叶片。

8. 去除叶肉，制作叶脉。

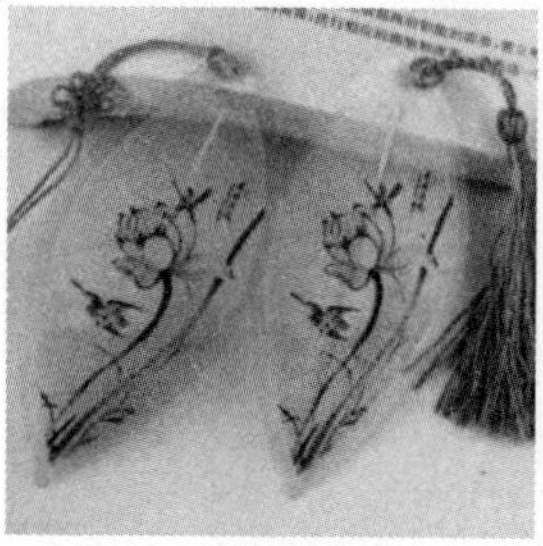
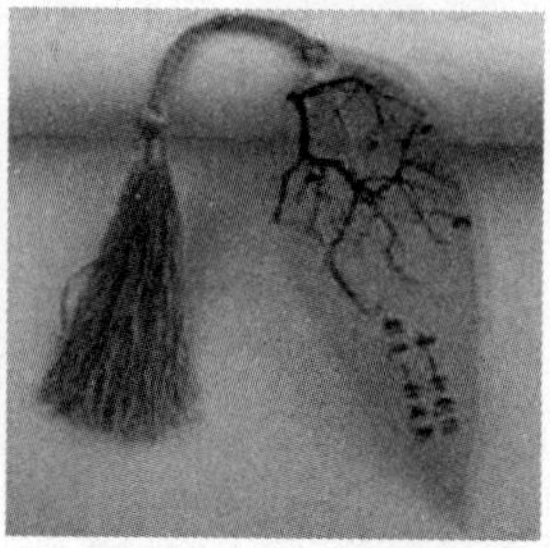

第一步：把约 90 mL 水倒入烧杯，在水中加入 10 g NaOH，把烧杯搁在石棉网上，用酒精灯加热煮沸溶液；

第二步：把树叶浸没在溶液中，继续加热 15 分钟左右，用镊子轻轻搅动，使叶肉充分分离，腐蚀均匀；

第三步：当叶片变色、叶肉酥烂时，用镊子取出叶片，放在盛有清水的烧杯内；

第四步：从清水里取出叶片，放在解剖盘上，用旧牙刷在流水中轻轻地刷叶片的正面和背面，刷去叶片的柔软部分，露出叶脉；

第五步：趁叶脉还未干透，将叶脉置于各种染料中染色（如用毛笔涂上水彩颜料或浸在彩色墨水中染色），然后用清水进行冲洗以去除叶片表面的浮色，晾干后，放在书中压平；

第六步：绘制图案。

9. 我们制作的叶脉贴画如图所示。

活动四　手绘百草（识草、闻草、画草）

画画是件快乐的事，百草园里的奇花异草在我们的笔下会被赋予灵性，每种中草药都有各自的味道和色彩，让我们拿起彩色铅笔，画一画自己喜欢的中草药吧！

探究活动

1. 看一看。

参观百草园，观察园内中草药的形态特征和造型特点。我喜欢的中草药是______________，它的形态特征如下____

____

__________（可从植物的线条、形状、色彩等方面入手）。

2. 闻一闻。

在了解了“神农尝百草”的故事后，我们也学一学神农用嗅觉识别百草，在闻过将要写生的中草药后结合查找的资料写下该中草药的药用价值如下。

____

____

3. 画一画。

能够以线描写生的形式大胆表现自己喜欢的草药（画在下页的方框内），注意线条的疏密、粗细、长短、曲直等变化。

要求：

（1）构图合理，观察仔细；

（2）用文字简单概括其中文学名、所属科目、花语、分布地域、开花季节、花期、外形特征、药用价值等。

写生温馨提示：

（1）先画外轮廓再画细节；

（2）注意叶子的造型及生长方向；

（3）注意叶子和花的疏密及层次关系；

（4）注意枝条的穿插关系及花的朝向；

（5）枝干用线要有力及花朵用线宜流畅圆润。

4. 选一幅同伴的作品指出值得学习之处并说出理由。

活动五 用演示文稿制作数字故事

知识链接

数字故事

数字故事一般是指利用演示文稿，融合图片、文字、音频、视频的多媒体作品。它讲述一个小故事，说明一个道理，记录一种心情，重现一种经历。

数字故事能够上传至互联网进行广泛传播和交流。在教育领域，数字故事作为一种新的交流学习方式，对培养学生的表达能力、解决问题能力、创造力、媒体素养以及学生多元智能的发展起着积极作用。

起源与发展：20世纪90年代初期，达纳·温斯洛·阿奇利（Dana Winslow Atchley）作为数字故事的首发者，用电脑把过去的老照片配合自己的讲述制作成了一部自传体小电影，得到了大家的好评。随后，阿奇利和他的朋友兰伯特（Lambert）开始帮助其他人叙述自己的个人数字故事，越来越多的人开始投入这种形式的创作，并且在旧金山成立了第一个数字媒体中心，也就是现在的数字故事中心——CDS（Center for Digital Storytelling）。2002年11月底，来自8个国家、美国25个州的代表聚集在一起创办数字故事协会（Digital Storytelling Association）。从此，数字故事迅速在世界各国流行起来。

探究活动

1. 我和__________、__________、__________同学组成小组，准备用数字故事的形式记录的内容是______________________________。

2. 我们收集到的图片有____。

3. 我们的文字来源（多选）：☐ 原创　☐ 网络　☐ 书本　☐ 其他

4. 上网查找合适的演示文稿模板或者喜欢的数字故事并下载，然后记录下网址。

演示文稿模板网址：____

喜欢的数字故事网址：____

5. 我们准备做________张幻灯片，大标题是____________________。

6. 我们是这样规划幻灯片内容的（可以相互讨论并记录）。

第一张幻灯片：____

第二张幻灯片：____

第三张幻灯片：____

……

最后一张幻灯片：____

7. 通过这个数字故事，我们想传递的信息是____________________。

8. 完成的作品________（可以 / 不可以）自动放映。如果可以自动放映，我们用到的技术有____

____。

9. 每一页放映时，我们的作品________（能 / 不能）让观看者看清全部内容。要让观看者看清全部内容，需要关注的因素有____________________

____。

10. 实践操作中，我们遇到的困难如下。

____

____

11. 在与同学的合作中，我们的感受是____________________

____。

12. 通过同学们的展示，我们觉得________几位同学所在小组的作品特别棒，理由如下。

13. 通过作品的交流，我们觉得自己的作品还有下列地方可以改进。

14. 通过数字故事的制作，我学会了____。

15. 记录下我们认为最满意的几张幻灯片：

活动六 百草科幻画

知识链接

产品外观设计方法主要有几何造型法和仿生造型法。仿生造型法是指在设计过程中将某种仿生对象的整体或局部经过加工和整理应用到产品外观上，让人产生某种相关联想的一种设计手法。它能带给人们返璞归真，回归自然的情感需求。

探究活动

1. 我和________、________、________同学组成一个小组，________同学担任组长。我们在了解百草园播种、浇灌等过程后，写出了我们的调查报告。内容如下。

2. 其他组的调查结果如下。

3. 我们认为传统的中药采集技术存在下列问题（可从人工操作、耗时长、农民伯伯很辛苦等方面入手）。

4. 经过交流讨论，我们认为未来的中药采集车可以有以下功能。

5. 生活中运用仿生造型法设计的产品很多，示例如下。

丹顶鹤椅

丹顶鹤台灯

我们还知道生活中有下列日用品运用了仿生设计法，举例如下：____________

____

我们__________（喜欢 / 不喜欢）运用仿生造型法设计的产品。

6. 我们认为运用仿生造型法设计的产品与传统的产品相比较，有如下特点。

____

____

____

7. 通过上网搜索，我们了解了莲子的采摘过程，具体内容如下。

____

____

____

8. 我们认为传统的莲子采集技术存在下列问题。

____

____

____

9. 经过交流讨论，我们尝试为农民伯伯出谋划策，我们设想的“神奇的采莲车”（或其他）的功能如下。

____

____

____

10. 我们运用仿生造型法设计了一款采莲车（或其他），其草图如下所示。

11. 展示与评价。

我们召开了新产品发布会，各组最佳创意奖的选手介绍了自己组的作品，内容如下。

活动评价表

评　价　内　容	自评	互评	师评
活动一			
制作香囊的材料准备充分			
学会制作香囊的基本步骤			
能说出缝制香囊的针法和理由			
能贴出或画出香囊作品			
能对同学的作品点赞并写出点赞语			
活动二			
能采用一种扦插方法制作小盆栽并说出理由			
能对需扦插的植物伤口进行处理并说明理由			
能选用合适的花盆来扦插植物并说明理由			
能选用合适的介质来扦插植物并说明理由			
能说出扦插植物的具体操作步骤			
能制作小卡片说明植物名称及养护要点			
能对盆栽小礼品的照片进行评价			
活动三			
能描绘搜集到的标本的形态特征			
能写出搜集到的叶子的形状			
能进行贴画设计并画出草图			
能说出小组设计的贴画作品的具体内涵			
能说出同学作品值得欣赏的地方和理由			
能够选择合适的地点采集叶片			
能够选择合适的叶片制作百草贴画和叶脉贴画			
能够学会制作百草贴画和叶脉贴画的方法			
能够总结出制作百草贴画和叶脉贴画的经验			

（续表）

评　价　内　容	自评	互评	师评
活动四			
能说出自己喜欢的草药的形态特征			
能写出一种中草药的药用价值			
能够以线描写生来画出自己喜欢的草药			
能够说出同伴作品值得学习的地方			
活动五			
能写出数字故事的内容			
能在网上找到合适的演示文稿模板并下载			
能够规划好幻灯片的内容			
能说出数字故事想传递的信息			
能说出自动放映所需要的技术			
能说出看清全部内容需要关注的因素			
能说出实践操作中遇到的困难			
能说出其他小组作品很棒的地方			
能说出自己作品有待改进的地方			
能说出数字故事制作的收获			
活动六			
能根据在百草园遇到的问题，写出调查报告			
能说出中药采集技术存在的问题			
能说出未来中药采集车的功能			
能说出生活中运用了仿生设计法的一些日用品			
能说出传统的莲子采集技术存在的问题			
能写出自己心中神奇采莲车（或其他）的功能			
能设计一款仿生采莲车（或其他），并画出草图			
能积极参加展示与评价			

评价等第：优秀、良好、一般

项目二　杏林精魂

一、学习目标

1. 知道“大健康时代”中医养生的基本知识；

2. 知道中医学重“仁”“德”的内涵；

3. 了解中医文化的“天人合一”，人应顺应自然规律而行事的道理；

4. 了解中医药文化在世界的影响力；

5. 学会组织中医文化的宣传活动。

二、评价证据

1. 能说出“大健康时代”中医养生的基本知识；

2. 能说出中医学重“仁”“德”的内涵；

3. 能说出中医文化的“天人合一”，人应顺应自然规律而行事的道理；

4. 能阐明中医药文化在世界的影响力；

5. 能设计组织宣传中医文化的活动。

三、学习活动

1. 通过多种途径收集有关“大健康时代”中医养生的基本知识；

2. 通过多种途径查阅中医学重“仁”“德”的内涵；

3. 通过多种途径学习中医文化的“天人合一”，人应顺应自然规律而行事的道理；

4. 通过多种途径阐释中医药文化在世界的影响力；

5. 设计、组织中医文化的宣传活动。

活动一 “大健康时代”中医养生

知识链接

可穿戴式健康监测设备

基于人类生存环境与生活质量的提高，根据时代发展、社会需求与疾病谱的改变，人们加大了对各类影响健康的危险因素和误区的关注。我们不仅要理解“久视伤血，久卧伤气，久坐伤肉，久立伤骨，久行伤筋”“饱食即卧，乃生百病”“饮食自倍，肠胃乃伤”“百病生于气”等医谚的深刻内涵，还要关注精神、心理、社会、环境、道德等方面的健康。受提倡自我健康管理，以及对生命全过程全面呵护的理念指导，可穿戴式健康监测设备适时面世。它具备了一些初步的人体感知能力，而且随着对复杂性科学和人体生命科学的深入研究，通过构建人体系统模型，开发系统非线性动力学算法结合可穿戴式设备无创、连续、动态等的监测特点，可以更为准确、全面地反映人体的健康状态和健康风险。随着上述健康监测终端与互联网技术的进一步融合，监测数据也得以被系统地记录、分析，并建立起个性化健康档案，最终形成“监测—评估—干预—再评估”的高效健康管理体系。相当于每个人都拥有了一个贴身的健康经理，以此实现对自身健康的长期有效保障。通过健康管理来预防疾病的发生也不再是梦想，人工智能医生与可穿戴监测设备的结合终将使自己的健康得以自己做主。

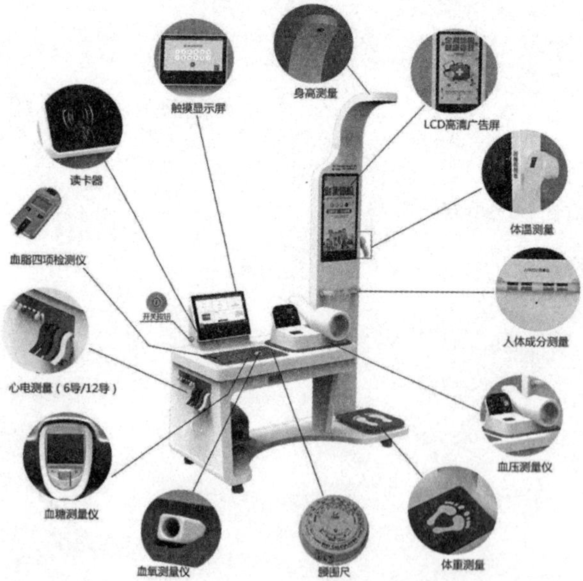

探究活动

1.“我的健康我做主”，关于“自我健康管理”，我和__________、__________、__________同学一组，__________同学担任组长。我们选择中医养生的__________（如体重、气色等）方面作为探究对象，查找自身的健康问题，我们主要的健康问题如下。

（示例：饮食健康）______________________________

2. 经过分析，我们认为影响健康的原因如下。

____

____

3. 通过资料查询和想象，我们小组认为可穿戴式健康监测设备应该具备下列功能。

____

____

4. 我们小组对可穿戴式健康监测设备的创意如下图所示。

活动二　中医学的“仁”“德”

知识链接

张红医生的“仁”“德”

在2019年11月19日从广州飞往纽约的南航CZ399航班上，一名老年人由于前列腺肥大，形成尿潴留，当时老人的小腹像一个小西瓜一样，因为疼痛，老人烦躁疼痛，坐卧不安，大汗淋漓。恰巧同航班飞机的暨南大学附属第一医院张红医生和海南省人民医院血管外科医生肖占祥主任诊断后，认为解决的唯一办法就是要把尿尽快排出来，但考虑到飞机上条件有限，又处于老人膀胱可能破裂的紧急情况，无奈之下张红医生决定自制装置用嘴吸尿救人。这一幕经媒体报道后，医生的救人事迹引发网友点赞。

探究活动

1. 读了上述材料，我的体会如下。

____

____

____

2. 我和________、________、________同学一组，________同学担任组长。我们以中医学的“仁”“德”事例作为探究对象。

3. 我们所探究的对象来自____________________（媒体名称），对探究对象整理结果如下（包括生平、经历、主要成就等）。

____

____

4. 我们也尝试发现周围同学的闪光点，并以漫画的形式表现出来，画画身边同学的“仁”“德”小故事，并配上文字说明。

文字说明：________________　文字说明：________________

文字说明：________________　文字说明：________________

活动三　中医文化的“天人合一”

知识链接

天人合一，顺势而为

本草中药凝聚着中国人对生命的认识、理解和呵护，从采收到加工，每一个环节无不包含和体现着中国人“天人合一、顺势而为”的生命观与世界观。对中国人来说，“顺势而为”首先要顺应本草自然的生长规律而有效利用之。劳动人民懂得在最适宜的地域和时节采摘最地道的本草，认识并总结出每一味本草不同部位的药用价值。《本草中国》第七集《新生》中记录的中药老字号“余仁生”百年来的创新之路就给予了不少启示。“余仁生”位于中西文化交汇之处的新加坡唐人街上，也曾经历过低谷期的这家老字号，在家族第四代余义明新的经营理念的指引下博得了很多中外顾客的青睐。留学海外知名大学的余义明认为，西方逐渐兴起的自然疗法为本就来自自然的中医药带来生机。通过实施中医药“药食同源”的养生疗法，“余仁生”打开了西方世界的大门。

探究活动

1. 阅读上述知识链接后，我知道了中草药每一环节体现着中国人____的生命观和世界观。

2. 我和__________、__________、__________同学一组，__________同学担任组长。我们通过网络观看《本草中国》的纪录片，感悟中医药人的匠心精神，体会中国人“天人合一、顺势而为”的生命观与世界观。我们收看的是《本草中国》第____集，讲述的主要内容如下。

____

3. 结合自己的学习、生活，我们认为中国人“天人合一、顺势而为”的生命观与世界观表现在如下方面。

4. 生活中常有违反“天人合一、顺势而为”的生命观与世界观的行为，我们小组将其收集如下。

5. 针对生活中违反“天人合一、顺势而为”的生命观与世界观的行为，我们小组的建议如下。

6. “二十四节气”是“天人合一、顺势而为”的真正体现，请你任选一节气，在右边的方框内用诗书画的形式表现。

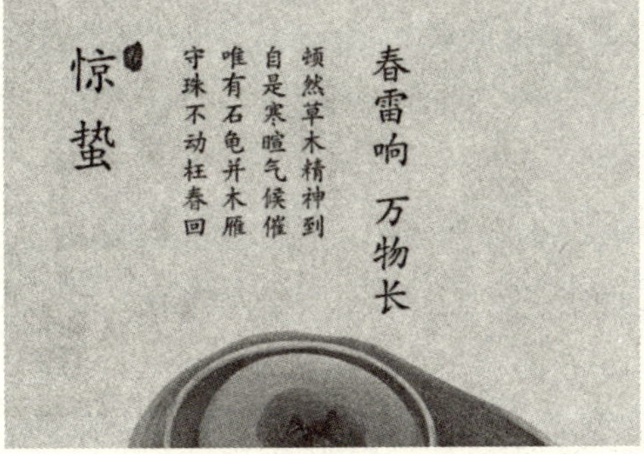

活动四 中医药文化在世界的影响力

知识链接

中医药文化在世界的影响

中医药历史悠久，资源丰富，理论独特，在世界上有广泛的影响，具有很高的实用价值和丰富的科学内容，是我国医药宝库中的重要组成部分，它不仅是中国的优秀文化遗产，也是世界的优秀文化遗产。

早在秦汉时期，中医药就传到朝鲜、日本、越南。汉代，中药材大黄远销欧洲。到了唐代，不少国家派人来中国学习中医药，其中，朝鲜、日本分别把《神农本草经》《新修本草》列为本国医科学生的必修课程。743 年，唐代高僧鉴真去日本传授佛学和医学。他于 753 年再次到日本，带去的药材，至今还有 21 箱 60 余种珍藏在奈良正仓院，成为千余年来中日医药文化交流的历史见证。唐代传到印度的药材有人参、茯苓、当归、远志、乌头、附子、麻黄、细辛等，被称为“神州上药”。僧人义净在印度居住 20 年，常用中药为印度人民治病，深受欢迎。

17 世纪来华的波兰传教士卜弥格翻译了中医的脉学著作，并被转译成法文、意大利文，其后，英国名医弗洛伊德也致力于脉学研究。18 世纪以来，中医针灸技术在欧洲引起了普遍关注，相继出现了多种著作和研究组织。

中华人民共和国成立后，中医药的传播、影响和作用越来越大。20 世纪六七十年代，全球性的“针灸热”“中医热”遍及各地。进入 80 年代，欧美发达国家又兴起了“中药热”。各国纷纷派留学生到中国来学习中医药，派使团来华参观、学习、考察中药资源、栽培、饲养、炮制、成药，以及洽谈商贸和技术合作。

1977 年后，联合国世界卫生组织在中国北京、上海、南京等地建立了 6 个传统医药合作中心。我国也先后在日本、意大利和泰国等国举办过多次中药大型展览。日本生药研究者代表团多次来华参观访问。联合国工业发展组织委托中国在北京举办国际中药学习班，参加学习的有来自欧洲、亚洲、非洲和拉丁美洲18个发展中国家的学员、联合国工发组织官员和世界卫生组织的代表。80年代，来华学习中医药的留学生、进修生、实习生达10多个国家200多人。从1987年到1996年的近10年中，来华学习的人数剧增，有来自130多个国家和地区的14700余名留学生、进修生来华学习中医药。我国建立的7个传统医学合作中心、3个国际针灸培训中心，培养了数以千计的国（境）外各类中医药人才。特别是近几年，我国政府中医药主管部门在北京又成功地举办了两次国际中医药大会，为世界医药界所瞩目，影响广泛而深远。

古往今来的这些事实说明，中医药文化与东西方各国人民有着密切的联系，在世界上有过辉煌的一页，并成为今天中医药再次走向世界的内在基础，可在21世纪再造辉煌。

探究活动

1. 我和______、______、______同学组成小组，______同学担任组长。我们准备从__________方面了解中医药文化在世界上的影响力。

2. 我们通过下列途径了解相关信息：____________________

____

3. 我们小组为这个任务制订的计划如下。

第一步：________________________

第二步：________________________

第三步：____

第四步：____

4. 我们的分工情况如下。

__________同学负责____；

__________同学负责____；

__________同学负责____；

__________同学负责____。

5. 最后的成果我们将以__________________（如纸质小报、绘画、电子小报等）进行汇报。

6. 我们的作品如下。

活动五 中医文化的宣传活动

知识链接

策划活动时要注意的一些因素

策划活动应该清醒地认识到，活动的组织进行是一项非常严谨的工作，出不得一点差错，否则效果将适得其反。

在策划公共关系活动时，要高度重视活动的组织，成立相应的领导班子，落实活动经费，培训活动的实施人员，进行必要的排演，筹划需要协调各方面关系的工作。整个活动的各个环节均需要仔细考虑进来，尤其对一些看似简单又十分重要的工作，更不可有丝毫的马虎，否则均可能成为最后活动失败的诱因。在保证正确率时，应该做到基本数据的掌握并核对各方面数据的准确以及变化范围、相关人员的落实以及对职责的明确、在进行演练时对时间的掌控和突发事变的应对等。

因而，策划公关活动必须进行精细的安排，决不可粗线条。为保证活动能够顺利进行，在策划活动时就必须进行周密的计划。既要考虑前期工作的预热，又要铺设活动高潮的伏笔；既要掌握活动的整体节奏，又要安排活动收尾的持久印象；同时更要考虑每一阶段活动的细节设计。

探究活动

1. 我和________、________、________同学组成小组，________同学担任组长。我们准备策划________________（如义卖、展览、演出等）形式的宣传活动。

2. 我们需要的道具和材料有____。

3. 我们选择的场地要求为____。我们准备利用学校的________________________________（场地）进行宣传活动。

4. 我们为这次宣传活动做的前期准备如下。

____

____

5. 我们为宣传活动设计的流程如下。

____

____

6. 我们的具体分工如下。

__________同学负责__________________________________；

__________同学负责__________________________________；

__________同学负责__________________________________；

__________同学负责__________________________________。

7. 我们的宣传活动精彩照片记录。

8. 我们宣传的主要内容如下（举例说明）。

9. 采访参与活动的教师或同学，他们对我们的活动提出的建议如下。

10. 对这些建议，我们的回应如下。

活动评价表

评　价　内　容	自评	互评	师评
活动一			
能够养成“自我健康管理”的意识			
能够查找自身的健康问题，知道形成问题的原因			
能够通过畅想可穿戴式健康监测设备的功能，解决自我健康的问题			
活动二			
能写出医生救人的体会			
探究并整理中医学的“仁”“德”事例			
能够发现身边学生的闪光点			
能够以漫画的形式画出“仁”“德”小故事			
活动三			
能够写出《本草中国》的观后感			
能结合自己的学习、生活谈谈中国人“天人合一、顺势而为”的生命观与世界观			
能够找出生活中违反“天人合一、顺势而为”的行为并给出建议			
能够用诗书画的形式呈现一个节气			
活动四			
能够制订合理的计划			
了解中医药文化在世界上的影响力			

（续表）

评　价　内　容	自评	互评	师评
活动小组分工明确			
作品的内容充实具体			
活动五			
宣传活动的内容和形式明确			
道具和材料具体充分			
选择的场地要求合理明确			
活动前期准备充分			
活动的设计流程考虑周全			
小组成员分工明确			
宣传活动的照片拍摄到位			
其他老师和同学的建议记录完整			
我们的回应有针对性			

评价等第：优秀、良好、一般

（本单元编写者：卫成凤、范喜艳）

图书在版编目(CIP)数据

梦想百草园 ：外冈中学综合实践活动课程活动手册 / 樊波，张仰峰主编 .— 上海 ：上海社会科学院出版社，2020

ISBN 978 - 7 - 5520 - 3285 - 7

Ⅰ. ①梦… Ⅱ. ①樊… ②张… Ⅲ. ①中国医药学—文化—活动课程—中学—教学参考资料 Ⅳ. ①G634.983

中国版本图书馆 CIP 数据核字(2020)第 154192 号

梦想百草园——外冈中学综合实践活动课程活动手册

主　　编：樊　波　张仰峰
责任编辑：邱爱园　陈如江
封面设计：周清华
出版发行：上海社会科学院出版社
　　　　　上海顺昌路 622 号　邮编 200025
　　　　　电话总机 021 - 63315947　销售热线 021 - 53063735
　　　　　http://www.sassp.cn　E-mail:sassp@sassp.cn
照　　排：南京理工出版信息技术有限公司
印　　刷：上海信老印刷厂
开　　本：787 毫米×1092 毫米　1/16
印　　张：10
字　　数：157 千字
版　　次：2020 年 11 月第 1 版　2020 年 11 月第 1 次印刷

ISBN 978 - 7 - 5520 - 3285 - 7/G · 995　　　定价:38.00 元
